POLITIQUES
sous la direction de Christian Nadeau et Julie Saada
20

Le Sens social de la liberté

Éric Bories

Le Sens social de la liberté

Axel Honneth, penseur de notre présent

PARIS
CLASSIQUES GARNIER
2022

Éric Bories, agrégé et docteur en philosophie, est professeur en classes préparatoires à Toulouse. Il a notamment publié *Hegel. Philosophie du droit* et, avec Stéphane Robilliard, *Emmanuel Kant. Le droit de mentir* suivi de *Théorie et pratique*.

ISBN 978-2-406-12012-4 (livre broché)
ISBN 978-2-406-12013-1 (livre relié)
ISSN 2257-7122

À Alexandra, Maxime, et Héloïse.

INTRODUCTION

Dans *l'idée du socialisme*[1], Axel Honneth se propose d'interroger les raisons qui conduisent aujourd'hui à la faillite d'un système éthique et politique qui eut pourtant une importance majeure et durable en Occident depuis la révolution française. En se demandant pourquoi les valeurs de justice et de coopération échouent à nous offrir des orientations pratiques et politiques décisives, Honneth confirme ainsi l'intérêt que, depuis la publication de *La lutte pour la reconnaissance*[2], sa réflexion sociale n'a cessé de susciter chez ses contemporains.

À vrai dire le terreau de l'engouement pour une approche sociale de la liberté et de la justice s'était déjà établi depuis les années 1960 en Europe et sans doute depuis la fin de la seconde guerre mondiale aux USA. On songe ainsi aux luttes menées contre les discriminations raciales et sexuelles dans lesquelles les quartiers des villes et les universités de Californie jouèrent un rôle majeur. Dans le même temps, en France, l'engagement de Sartre à l'encontre de tout pouvoir susceptible de contester ou de faire oublier le principe d'une liberté individuelle éprouvée par son inscription sociale commençait à se publier largement. Le souvenir de cet engagement, porté aussi bien dans l'œuvre philosophique et littéraire de ce dernier qu'auprès des ouvriers des usines Renault de Boulogne-Billancourt en 1972, demeure aujourd'hui encore vif. Dans ce contexte français on peut enfin se rappeler du large public (lecteurs mais aussi téléspectateurs) séduit, entre la fin des années 1960 et le début des années 1980, par les analyses de Michel Foucault. Beaucoup de ceux que les événements de 1968 avaient laissé indifférents ou perplexes s'étaient alors émus en s'apercevant qu'un philosophe proposait de s'intéresser à leur vie, surpris de découvrir qu'il était possible de prendre au sérieux ce qui, par excellence, semblait pourtant aller sans dire, restait ordinairement

1 Honneth, 2017b (*Die Idee des Sozialismus, Versuch einer Aktualisierung*, Honneth, 2015a).
2 Honneth, 2000b (*Kampf um Anerkennung. Zur moralischen Grammatik sozialer Konflikte*, Honneth, 1992).

tu ou tourné en dérision, de peur de laisser paraître une gêne ou une honte contenue : le normal ; celui de nos habitudes comme celui de nos obligations, dans tout ce qu'elles peuvent véhiculer de souffrances étouffées et de représentations taboues.

Soulignons enfin, parmi les éléments qui ont encouragé le surgissement de la pensée de Honneth, l'effacement progressif des frontières entre différentes chapelles qu'on se plaisait jusqu'alors à distinguer et à opposer (la philosophie et la sociologie, la tradition analytique et la tradition continentale, la philosophie cognitive et la philosophie pratique, etc.). Une discussion plus ou moins explicite, mais indubitablement vive, s'est en effet instaurée, depuis le milieu du siècle dernier, entre penseurs issus d'horizons souvent très différents. C'est d'ailleurs au prolongement de cette discussion que nous assistons aujourd'hui, discussion où se mêlent des réflexions variées sur nos vies et sur nos représentations. Les penseurs dits « néo-wittgensteiniens » (Elizabeth Anscombe, Stanley Cavell, Vincent Descombes, etc.) apportent en ce sens une contribution utile à la compréhension de la notion de raison pratique. Les philosophes de l'aliénation (Slavoj Žižek, Judith Butler, Franck Fischback, etc.) s'efforcent quant à eux de penser les conditions qui nous permettraient de mener une vie bonne dans une vie mauvaise. Ce à quoi les sociologues de l'exclusion (Claude Dubar, Robert Castel, etc.) veulent, à leur manière, aussi répondre. Le développement des efforts pour penser le présent social à partir des traumatismes infligés à des vies fragilisées voire mutilées d'une part, l'expansion d'une discussion enrichie de la différence des voix qui l'animent d'autre part, ont ainsi installé les conditions favorables à l'éclosion et à l'épanouissement de la philosophie d'Axel Honneth.

Historiquement, la pensée de ce dernier s'inscrit dans la continuité et le renouveau, termes contradictoires mais non exclusifs l'un de l'autre chez un esprit dialectique, de l'École de Francfort. Si bien que présenter Axel Honneth comme un philosophe de Francfort, est une première façon commode de le situer sur l'échiquier de la philosophie actuelle. De cette institution intellectuelle et universitaire, Honneth incarne, à la suite de Horkheimer et d'Adorno, de Habermas enfin, auquel il a succédé en 2001 au titre de directeur de l'*Institut de recherche sociale*, une troisième génération. Aussi récupère-t-il sans doute de la tradition de la théorie critique, l'idée que les maux de la société moderne doivent être désignés et dénoncés : l'expansion capitalistique du marché, la folie d'une raison despotique qui s'attache le monde plutôt qu'elle ne s'attache au monde, la tendance perverse, enfin, à réaffirmer un individualisme moral là où on serait en droit d'attendre une éthique intersubjective. D'où l'idée d'appeler au secours de la société moderne une intelligence capable, selon l'expression fameuse de Spinoza, de ne pas tourner en dérision les actions humaines, de ne pas les déplorer ni les maudire, mais de les comprendre[3]. Peu importe d'ailleurs, et tant mieux au contraire, si cette intelligence se montre à la fois philosophante, socialisante, psychologisante, historicisante, ou psychanalysante. La logique du siècle qui est le nôtre nous autorise à vérifier sans la moindre ambigüité cette intuition que les penseurs de Francfort partagèrent avec d'autres grands esprits du siècle dernier[4] : le cloisonnement des sciences est un obstacle épistémologique arbitraire et nuisible.

Dans cette tradition francfortoise Honneth se distingue pourtant par son originalité. Alors que les penseurs de la première et de la deuxième génération de l'École de Francfort travaillèrent essentiellement le versant contestataire de la théorie critique, lui semble plutôt chercher à réconcilier les esprits devenus classiques avec les temps modernes. Horkheimer et Adorno s'efforçaient en effet de dénoncer le *modus operandi* de la raison des Lumières auquel ils reprochaient de procéder indifféremment à un asservissement des choses et des êtres humains, causant ainsi les blessures du siècle. Ce à quoi Habermas avait fait écho en dénonçant la manière dont les systèmes économiques et politiques en venaient à « coloniser le monde vécu ». On ne peut enfin oublier son plaidoyer fameux pour une éthique de la discussion qui, en dépit d'un attachement maintenu à Kant, ne laisse cependant pas de sonner comme un enterrement du solipsisme

3 *Cf.* Spinoza, *Traité politique*, I, § 4.

4 On songe notamment à l'effort produit par Merleau-Ponty pour relever, selon un entrelacs épistémologique entre philosophie et sociologie, philosophie et science, un schisme dénoncé comme fâcheux entre les partisans des idées et les partisans des faits. « La séparation que nous combattons, écrit-il en effet, n'est pas moins préjudiciable à la philosophie qu'au développement du savoir. Comment un philosophe conscient pourrait-il sérieusement proposer d'interdire à la philosophie la fréquentation de la science ? Car enfin le philosophe pense toujours *sur quelque chose* : sur le carré tracé dans le sable, sur l'âne, le cheval, le mulet, sur le pied-cube d'étendue, sur le cinabre, sur l'État romain, sur la main qui s'enfonce dans la limaille de fer… le philosophe pense son expérience et son monde. » C'est pourquoi, lorsqu'on décide de séparer la philosophie d'autres activités scientifiques, « c'est toute l'expérience historique du rapport social qui est alors, selon lui, révoquée en doute au profit de la vision des essences. » (Merleau-Ponty, 1960, p. 127-128, et p. 129).

moral. Cette âme contestataire n'a d'ailleurs pas épargné le versant psychanalytique de la Théorie critique, offrant ainsi le spectacle d'une psychanalyse qui se moque de la psychanalyse. Ainsi Marcuse qui, en 1955[5], défendait l'idée d'une érotisation du social, publiait dans le même geste son franc désaccord avec la thèse qui voudrait que les impératifs de la civilisation et de la socialisation impliquent une désérotisation. Ce dernier accusait ainsi Freud de procéder à ce qu'il admettait lui-même être un renoncement au chapitre vingt-deux des *Leçons d'introduction à la psychanalyse* : le passage du sexuel au social, trouvant son explication dans le renoncement de la tendance sexuelle à son but libidineux comme à son plaisir de reproduction. De ce point de vue, Honneth marque une différence assez nette vis-à-vis de ceux-ci, en faisant figure de passeur, de faiseur de liens entre penseurs de la tradition.

Mais préférer la conciliation à la critique radicale et frontale ne signifie pas pour autant oublier le désaccord et le conflit. Ces derniers présentent en effet l'avantage de rendre manifeste les différences et les oppositions, non pas pour s'arrêter à les souligner, mais pour déceler en elles les puissances prometteuses de leur propre dépassement. Ce qui nous autorise à découvrir alors un esprit dialectique inspiré de Hegel et de Marx. Aussi le concept de *lutte pour la reconnaissance* n'est-il pas simplement un concept important chez Honneth, c'est un concept fondateur de sa pensée. Concilier ne signifie donc pas réduire les conflits. Cela relève plutôt d'un principe de méthode reposant sur un double choix, épistémologique et historique, que nous aurons à interroger. Choix épistémologique en effet lorsque, inspiré par la tradition continentale (Kant, Hegel, Marx, les penseurs de l'École de Francfort, etc.) tout autant que de la tradition analytique (Mead, David Miller, Dewey, Winnicott, etc.), Honneth cherche à tracer un chemin du connaître au fil duquel théorie et expérience ne soient plus ennemies l'une de l'autre. Aussi entreprend-il de séculariser la vieille tradition de la métaphysique des mœurs en l'accompagnant de la dimension empirique et pragmatique de l'enquête[6]. De la même façon, la tradition continentale du normativisme et de l'institutionnalisme moral et politique se trouve-t-elle,

5 Date de publication de *Eros und Civilization* (*Eros et civilisation*).

6 On ne peut s'empêcher ici de penser à John Dewey, auquel Honneth se réfère fréquemment, qui, inspiré par Francis Bacon, soulignait les avantages d'une méthode possédant l'art de concilier dans une unité efficace le savoir et le pouvoir. Dans ces conditions « Même la connaissance disponible qui aura fait l'objet des contrôles les plus rigoureux, précise alors Dewey, n'intéresse la logique de l'enquête que pour les services qu'elle peut rendre

chez lui, équilibrée par le soin de l'observation ainsi que par les apports de la psychologie et de la psychanalyse. Ses charges d'enseignement, de recherche et d'encadrement, simultanément exercées en Allemagne et aux États Unis d'Amérique, peuvent enfin elles-mêmes apparaître comme un pont symbolique entre ces deux traditions, continentale et analytique, que sa méthode s'efforce de réunir. L'approche critique qu'Axel Honneth propose lui-même de la philosophie de la reconnaissance, dont il est à la fois juge et partie, relève d'ailleurs d'un même esprit de conciliation. Il s'avoue ainsi également intéressé par une variante allemande de cette philosophie, en laquelle il repère un modèle positif du conflit et de la lutte, et par une variante française de celle-ci, où la reconnaissance elle-même prend, selon lui, l'allure d'une expérience traumatique, relevant d'un modèle sceptique ou négatif de la lutte. Ce qu'il reconnaît chez Jean-Jacques Rousseau, Sartre, ou encore Boltanski et Thévenot[7]. C'est pourquoi la reconnaissance mutuelle des consciences apparaît comme l'aboutissement heureux du travail servile accompli par le valet chez Hegel[8], alors qu'elle se vit comme l'expérience d'une souffrance liée à la chosification de l'individu opérée par le regard d'autrui chez Sartre[9]. Mais en même temps cette différence de style ne dit pas plus que ce qu'elle est aux yeux de Honneth : une variation culturelle dans la représentation de la lutte pour la reconnaissance. Ici encore, les différences se trouvent réconciliées dans l'unité de ce qui constitue leur destination normative : l'expérience intersubjective de la reconnaissance.

La conciliation, qui relève donc chez Honneth d'une décision épistémologique, relève également d'un choix historique. Concilier, c'est ainsi, en un second sens, procéder à une réactualisation des pensées anciennes, comme l'affiche Honneth en 2001 dans le sous-titre de *Les pathologies de la liberté* : « Une réactualisation de la philosophie du droit de Hegel » (*Leiden an Unbestimmtheit : Eine Reaktualisierung der Hegelschen Rechtsphilosophie*[10]). Il ne s'agit plus dans ce cas, comme nous le soulignions

---

dans les enquêtes à venir. La vérité ancienne, conclut-il, vaut avant tout comme aide à la découverte d'une vérité nouvelle. » (Dewey, 2014, p. 91).

7 Voir à ce propos l'introduction à la traduction française de *Ce que social veut dire, I. Le déchirement du social* (Honneth, 2013a, p. 9-32).

8 *Cf.* Hegel, 2006, p. 201-211.

9 *Cf.* Sartre, 1943, p. 317.

10 Ouvrage original publié aux éditions Reclam (Honneth, 2001) et traduit en français par Franck Fischbach sous le titre : *Les pathologies de la liberté. Une réactualisation de la philosophie du droit de Hegel* (Honneth, 2008).

tantôt, d'articuler deux méthodes distinctes dans une méthode inédite et originale, mais de montrer que le dialogue avec un esprit ancien peut être utile à penser le temps présent. Honneth part en effet du constat que sans culture, les faits actuels resteraient têtus dans leur mutisme et violents dans ce qu'ils savent produire. À la suite du virage concilié par la philosophie contemporaine depuis le milieu des années 1990, qui a eu pour effet de se libérer d'un héritage kantien encore manifeste chez Rawls, comme chez Habermas ou Apel, la réactualisation opérée par Honneth s'applique désormais tout particulièrement à Hegel[11], dont il rénove la thèse de l'éthicité et de la vie éthique, et à Marx[12], dont il cherche à faire aboutir la théorie de l'aliénation et de l'émancipation qu'elle commande.

La conciliation, comprise comme forme dialectique caractéristique du discours d'Axel Honneth, forme à la fois syncrétique et réactualisante, obligera donc notre attention dans la présentation que nous proposons de son œuvre. C'est animé, en effet, par cette dialectique de la conciliation que Honneth s'est lancé un défi philosophique que nous jugeons décisif et inédit : celui d'établir une preuve du sens social de la liberté.

Prouver que la liberté ne saurait trouver sa raison suffisante que dans un sens social ou, pour le dire autrement, que la liberté n'est ni une notion morale, ni une notion juridique, mais une expérience sociale, c'est là, selon nous, l'axe majeur de la philosophie de Honneth. Conforté par ses premières recherches qui soulignaient déjà l'importance de la « liberté sociale », il consacre trois cent vingt pages sur cinq cent treize à cette notion dans l'une de ses publications les plus récentes[13] établissant ainsi, de manière inédite et originale, ce que nous estimons être une preuve du sens social de la liberté. Lorsque nous parlons de « prouver » le sens social de la liberté nous n'entendons cependant pas ici seulement le

11 Avant la parution de *Leiden an Unbestimmtheit* (*Les pathologies de la liberté*) cette réactualisation concernait la pensée du jeune Hegel, celle de la période d'Iéna (1801-1807), pour s'attacher ensuite au Hegel de la maturité (1820) dans l'ouvrage précédemment cité ainsi que dans *Das Recht der Freiheit. Grundriss einer Demokratischen sittlichkeit* (Honneth, 2011), traduit en français par Frédéric Joly et Pierre Rusch sous le titre *Le droit de la liberté. Esquisse d'une éthicité démocratique* (Honneth, 2015b).

12 Voir, par exemple *Un monde de* déchirements, où Honneth se propose de poursuivre les efforts consentis par Marx pour réévaluer le concept de travail en développant « un modèle d'argumentation convaincant pour rendre compte de cette relation entre travail et émancipation » (Honneth, 2013, p. 50).

13 Il s'agit des chapitres III, « La liberté sociale et sa théorie de l'éthicité » (p. 71-102) et VI, « La liberté sociale » (p. 203-513), de *Le droit de la liberté* (Honneth, 2015b).

pendant empirique de l'activité consistant à démontrer. Nous comprenons plutôt la notion de preuve au sens où Freud faisait œuvre de son autorité de praticien en écrivant que « nous possédons de multiples *preuves* de l'existence de l'inconscient[14] ». Freud voulait dire ici que sans l'hypothèse de l'inconscient, dont son texte veut établir l'efficacité et la légitimité, plusieurs phénomènes psychiques demeureraient inexpliqués, tels « les actes manqués et les rêves chez l'homme sain, et tout ce qu'on appelle symptômes psychiques et phénomènes compulsionnels chez le malade » (*ibid.*). Dans un sens identique, il nous semble que Honneth montre que si nous maintenons une signification exclusivement morale ou juridico-politique de la liberté, nous nous interdisons alors de comprendre les pathologies de notre monde contemporain. Ainsi, les traumatismes que génèrent, pour les individus que nous sommes, les sentiments d'oubli de reconnaissance et de mépris au fil de notre vie de famille, de nos activités d'échange au sein de notre société de besoins[15], ou encore au sein de notre vie de membre d'un État, *prouvent* la nécessité de formuler l'hypothèse de la signification sociale de la liberté.

Penseur original de l'École de Francfort, Axel Honneth est ainsi en même temps un pionnier de la philosophie sociale. Si l'on se fie aux critères utiles que suggère Franck Fischbach pour définir ce courant philosophique, Honneth nous offre bien, pour commencer, une alternative manifeste aux propositions de la philosophie morale et politique pour penser la justice et la liberté[16]. La réflexion qu'il publie porte bien, d'autre part, sur l'existence sociale des individus et semble s'interdire une approche immédiatement normative, autrement dit théorique, du social.

> La philosophie sociale, écrit en effet Franck Fischbach, part de l'expérience vécue par les individus eux-mêmes en tant qu'ils sont confrontés à leurs propres conditions sociales d'existence, et en tant que ces conditions diminuent ou augmentent leurs chances de mener une vie accomplie. L'élaboration d'une vie humaine accomplie, précise-t-il alors, ne peut intervenir ici que dans un

14 Freud, 1968, p. 66-67.

15 Honneth déplore ainsi, entre autres choses ne concernant que cette sphère économique, qu'« il n'existe en l'état actuel presque aucune coordination discursive des comportements consuméristes, coordination qui est pourtant, note t-il, la précondition même de toute liberté sociale dans cette sphère », alors même qu'on pourrait imaginer des « accords (…) entre consommateurs qui seraient susceptibles d'unifier la demande et d'exercer une pression sur la fixation des prix et la conception des produits. » (Honneth, 2015b, p. 341).

16 *Cf.* Fischbach, 2009, p. 17.

> second temps et elle n'a lieu que sur la base de ce que les individus expérimentent et qu'ils peuvent eux-mêmes décrire comme des conditions sociales qui font obstacle à la réussite de leur vie et qui minimisent leurs chances d'un possible accomplissement d'eux-mêmes[17].

Enfin, en nous proposant une approche traumatique de la vie sociale de ces mêmes individus, la philosophie pratique d'Axel Honneth semble bien satisfaire à un ultime critère qui veut que, à la différence de la question morale consistant à déterminer la norme d'une vie réussie, on s'efforce ici, en se demandant « Qu'est-ce qu'une vie mutilée ? » de répondre à une question « d'un autre ordre [pour autant qu']elle n'appartient pas à la philosophie morale ni à l'éthique, mais à la *philosophie sociale*[18] ».

La double caractéristique, critique et dialectique d'une part, sociale et thérapeutique d'autre part, de la pensée d'Axel Honneth, ne saurait néanmoins nous faire oublier l'essence normative qui la détermine comme philosophie. C'est pourquoi il s'agira aussi de tenter de comprendre de quelle façon l'observation des dysfonctionnements de nos sociétés contemporaines, vécus par des individus qui en souffrent, en vient justement à suggérer un renouvellement de la question morale. Ce qui nous invite à interroger la corrélation entre le diagnostic des pathologies du monde social vécu, établi par Honneth, et les solutions normatives qu'il propose. Ce dernier, en effet procède à une refonte de la question de la normativité, mais sans jamais l'abandonner. Certes ce concept se trouve ici vidé du fondement philosophique et juridique qu'il pouvait recevoir chez Kant ou Kelsen, qui le faisaient reposer sur une distinction primordiale entre l'être et le devoir être, privilégiant ce dernier, seul capable à leurs yeux de déterminer des normes propres à édifier un ordre social stable et légitime. L'idée même d'une transcendance des normes, reconnaissable ici, conduit en effet à ce que Honneth dénonce comme une « liquéfaction du social[19] », c'est-à-dire au risque plus que probable de voir nos vies sociales, tantôt abandonnées à un idéal de liberté et de justice impropres à faire une vie, tantôt abandonnées à l'errance d'une existence non tenue par des valeurs propres à instituer un sens pour notre vie[20]. Pour Honneth, la norme doit

17 *Ibid.*, p. 16.

18 *Ibid.*, p. 14.

19 *Cf.* Honneth, 2013a, p. 239-273.

20 Dans *De la justification. Les économies de la grandeur* (Boltanski & Thévenot, 1991), Boltanski et Thévenot semblent à la fois, selon Honneth, ignorer les « faits normatifs » qui font,

être immanente à la vie sociale ou ne pas être. Ce qui le rapproche d'une démarche que Michel Foucault avait adoptée dans l'*Histoire de la folie*[21] ou dans *Surveiller et punir*[22]. Dans ces travaux, Foucault[23] avait en effet recherché les conditions théoriques, mais aussi historiques et sociales, qui puissent nous autoriser à dépasser une conception coercitive et liberticide de la normativité, essentiellement fondée sur la distinction théorique des critères du permis et du défendu, du mérite et de la faute. L'intentionnalité de la norme, ou droit de la norme, ne se définit ainsi pas plus chez Foucault que chez Honneth à partir de critères seulement transcendants ; elle s'institue bien au contraire au fil d'une téléologie immanente à notre vie sociale, produite par les efforts que nous faisons pour nous y adapter. En un sens, Honneth et Foucault retrouvent cette idée que Canguilhem avouait avoir dénichée chez Goldstein qui reconnaissait cette activité normative dans l'orientation comportementale naturelle de l'animal pour s'adapter à son milieu[24]. Canguilhem soulignait en effet :

> Un organisme n'est (...) jamais égal à la totalité théorique de ses possibilités. (...) entre le vivant et le milieu, notait-il, le rapport s'établit comme un débat (*Auseinandersetzung*) où le vivant apporte ses normes propres d'appréciation des situations, où il domine le milieu, et se l'accommode[25].

Ce à quoi l'auteur apportait une précision qui n'est pas sans intérêt lorsqu'on songe à Honneth, faisant de l'apparition de la lutte du vivant pour son adaptation la manifestation d'un état, non pas normal, mais pathologique. Canguilhem précise en effet :

> Ce rapport (entre le vivant et son milieu) ne consiste pas essentiellement, comme on pourrait le croire, en une lutte, en une opposition. Cela concerne,

---

par exemple, que l'école ne saurait relever d'un « ordre marchand » ou d'un « système industriel », et négliger le « sens moral des citoyens » les rendant capables d'évaluer des situations à partir d'« ordres de justifications » variés. De telle sorte que le sociologue en vient regrettablement à penser « une société dépourvue de toute structure normative. » (Honneth, 2013a, p. 270-272).

21 Foucault, 1961.

22 Foucault, 1975.

23 Honneth avait soutenu sa thèse à Berlin en 1982, sur Foucault ; thèse intitulée : *« Critique du pouvoir. Foucault et la théorie critique. »*. *Cf.* Axel Honneth, *Critique du pouvoir* (Honneth, 2017a).

24 Voir sur ce point, Pierre Macherey, *De Canguilhem à Foucault, la force des normes* (Macherey, 2009).

25 Canguilhem, 2003 (1965 pour la 1re édition), p. 187.

> affirme-t-il, l'état pathologique. Une vie qui s'affirme contre, c'est, écrit Canguilhem, une vie menacée[26].

Ainsi, le vivant chez Cangulihem, comme le vivant social chez Honneth, ce qui implique ici nécessairement son humanité, ne mènent une vie de lutte pour l'adaptation ou pour la reconnaissance, que pour autant que leur vie se trouve menacée. D'où l'intérêt que ce dernier manifeste pour le travail de George Herbert Mead qui, étendant « au plan social le modèle darwinien de l'organisme interagissant avec son milieu », invitait à considérer « un type d'action dans lequel le sujet se trouve fonctionnellement contraint, au moment de la perturbation, de réfléchir à sa propre attitude subjective[27]. » La lutte pour la reconnaissance apparaît alors chez Honneth comme le corrélat de pathologies de la liberté qui, de la même façon que l'adaptation normale à la vie sociale et à la vie tout court, relève d'un seul et même ressort normatif : le désir plus ou moins conscient de l'individu de faire en sorte qu'une vie juste et libre soit sa vie.

La lecture que nous proposons ici de l'œuvre d'Axel Honneth, œuvre qui se dessine au fil des feuillets successivement critique et dialectique, social et thérapeutique, normatif enfin, que nous venons de nous appliquer à faire apparaître, commande une méthode d'exposition dont nous voudrions, pour terminer, indiquer les jalons.

Nous partirons tout d'abord du constat que parler d'*École de Francfort*, de *Théorie critique*, ou même de *Philosophie de la reconnaissance*, ne suffit pas à situer la pensée d'Axel d'Honneth. Aussi nous faudra-t-il indiquer d'une part quelle distance elle instruit vis à vis d'autres courants philosophiques ou d'autres réflexions. L'idée est ici d'expliquer ce qui fait l'originalité de sa pensée en tant que philosophie sociale ainsi que la manière dont cette originalité se constitue à partir des réflexions traditionnelles (Hegel, Marx et la tradition marxiste, Habermas, Durkheim et Boltanski, Mead, Winnicott, etc.) et continue d'évoluer au cœur des discussions actuelles (avec Hartmut Rosa, Nancy Fraser, Hans-Christoph Schmidt am Busch, Rainer Forst, etc.). Le style de pensée propre à Honneth, la tentative de caractériser sa philosophie, feront l'objet de ce premier jalon.

---

26 *Ibid.*

27 Honneth, 2000b, p. 89.

Une fois cette mise au point historique, épistémologique et stylistique faite, nous envisagerons plus précisément de montrer que la pensée de Honneth, qui s'est faite connaître en reconstruisant la philosophie critique comme philosophie de la reconnaissance, cherche désormais de façon fort intéressante à redéfinir les notions de justice et de liberté. En quoi, dans ce cas, peut bien consister une approche non juridique et non morale de ces notions ? En quoi consiste le sens social de la liberté que Honneth cherche à promouvoir ?

Le fil de ces interrogations nous conduira à expliquer que l'enquête philosophique chargée d'éclairer ce sens nouveau de la liberté prend chez lui la forme d'une pratique : il s'agit en effet de comprendre le corps social, d'en diagnostiquer les pathologies, d'établir enfin un protocole de soins. La philosophie de Honneth devient ainsi une médecine de la société, une « socio-iatrie ».

Mais une thérapie vaut-elle une éthique ? Si le mal est déjà fait y a-t-il encore lieu de nous demander ce que nous devons faire ? Axel Honneth n'est pas plus psychanalyste que psychiatre, pas sociologue non plus. C'est pourquoi ce que nous appelons sa « socio-iatrie » se trouve essentiellement irriguée par une philosophie normative, animée d'optimisme, que nous tenterons d'exposer.

Enfin, nous ne saurions terminer sans quelques questions fructueuses que soulève la pensée d'Axel Honneth. Nous nous demanderons alors si le désir de reconnaissance doit nécessairement prendre la forme d'une lutte, et pourquoi c'est manifestement le cas chez Honneth. Est-il légitime, d'autre part, comme le propose ce dernier, d'interroger l'universel social à partir du paradigme de l'intime ? N'est-il pas, de la même façon, problématique d'accorder aux institutions culturelles un pouvoir de reconnaissance ? On peut notamment penser au problème que pose la question de l'estime méritocratique proposée par les institutions du monde du travail. Nous nous demanderons enfin quelles sont les solutions qu'Axel Honneth propose pour résoudre les problèmes sociaux qui gangrènent nos sociétés modernes.

Qu'il me soit permis de remercier Brigitte Estève-Bellebeau et Franck Fischbach dont la collaboration et les échanges, dans le contexte d'une journée d'étude consacrée à la philosophie sociale, furent le terreau de ce livre. Merci enfin à Jean-François Kervégan pour en avoir encouragé l'écriture.

UN SENS INÉDIT DE LA LIBERTÉ

> [L'esprit] ne cesse d'aller de l'avant, parce que seul l'esprit est progression. Souvent il paraît s'être oublié, perdu ; mais intérieurement opposé à lui-même, il est travail intérieur qui se poursuit – comme le dit Hamlet de l'esprit de son père : « bien travaillé, brave taupe ! » – jusqu'à ce que, intérieurement fortifié, il soulève aujourd'hui la croûte terrestre qui le séparait de son soleil, de son concept, la faisant s'écrouler. En un pareil temps où, édifice sans âme et vermoulu, elle s'écroule, l'esprit a chaussé des bottes de sept lieues, et il se montre paré d'une nouvelle jeunesse[1].

Le sens social de la liberté, qu'Axel Honneth s'est efforcé selon nous de montrer, relève de la révision plus que de la révolution. Le renouveau d'une réflexion sur la liberté se montre en ce sens chez lui comme le rajeunissement d'une tradition qui ne justifie en rien son rejet. Dans ces conditions, le sens de la liberté tel que le pense Honneth se manifeste comme le fruit d'une réflexion originale, résolument actuelle, mais dont l'actualité semble conditionnée par un dialogue vivant au cours duquel se mêlent les voix du passé et les voix du présent. C'est pourquoi l'idée neuve, commandée par un âge neuf, sourd toujours ici des souterrains de l'histoire où elle a progressé.

1 Hegel, 1991, p. 2112.

LES SOUTERRAINS DE L'HISTOIRE

Le fait est que, de manière plus ou moins explicite, Honneth ne semble pouvoir s'empêcher d'indiquer, au fil de sa plume, une corrélation souterraine entre le sens intime et le sens universel de la tradition. C'est notamment explicitement le cas au cours des pages où il a voulu montrer que le constat d'une crise de la culture, analysée comme cause d'un « état d'aliénation » chez Lukács, avait conduit ce dernier, dès le début du vingtième siècle, à formuler la question « des conditions culturelles d'une socialisation équilibrée et réussie » plus que jamais d'actualité aujourd'hui. Honneth, souligne alors « l'actualité souterraine de l'œuvre de jeunesse de Lukács », expression dont il fait le titre du troisième chapitre d'*Un monde de déchirements*[2]. Plus généralement, et de façon quasi systématique, on peut observer dans l'écriture de Honneth un principe méthodologique plus ou moins intentionnel, qui le conduit à souligner un processus essentiel selon lequel les idées de jeunesse produisent les pensées mûres ; qui veut enfin que les traumatismes anciens produisent le monde d'aujourd'hui. De sorte qu'il n'existe pas de pensées vieillies, du moins n'est-ce pas celles dont il entend parler, ni d'« arrières mondes[3] », mais des tentatives et des essais en mal d'être aboutis ainsi que, pour reprendre la formulation heureuse de Robert Castel, des « métamorphoses de la question sociale[4] ». Dans ces conditions, les crises de l'existence humaine qui vont de pair, nécessairement, avec les réflexions critiques qu'elles appellent, ne sauraient être étrangères les unes par rapport aux autres, et progressent dans un sol historique, philosophique, commun.

Dans ce contexte, qui encourage la pensée de la continuité plus que celle de la rupture, la modification de l'allure du temps, ou encore l'accélération récente de l'histoire, dont Daniel Halévy notait au passage qu'elle n'était pas si récente si l'on considère le témoignage que nous

2 Honneth, 2013b, p. 79.

3 Nietzsche désignait ainsi « ce monde éternellement imparfait » (Nietzsche, 1963, page 41). Construction illusoire de pensées vieilles et monde de souffrance, ce monde appelle selon Nietzsche, son propre anéantissement.

4 *Cf.* Robert Castel, 1995.

en a offert Michelet dès 1872[5], ne sauraient nous obliger à l'urgence de nous adapter avec frénésie. Axel Honneth refuse ainsi, de la même façon que le revendique aujourd'hui Barbara Stiegler, que nous nous résignions à subir « ce sentiment diffus, de plus en plus oppressant et de mieux en mieux partagé, d'un retard généralisé, lui-même renforcé par l'injonction à s'adapter pour évoluer (…)[6]. » De fait, assumer dans la réflexion sur le temps présent le schéma dialectique du dépérissement et du changement, pour enfin tirer les leçons de cette discontinuité de l'histoire en revendiquant une éthique du radicalement nouveau, ne constitue pas une urgence pour Honneth. Ce dernier semble d'ailleurs reconnaître dans l'accélération un effet de l'aliénation plutôt qu'une cause, ou que l'aliénation des temps modernes elle-même. Honneth ne partage d'ailleurs pas l'analyse de son collègue d'Iéna Hartmut Rosa, qui affirme que « souffrir de la non-reconnaissance est la conséquence du fait de rester en arrière, en retrait ; [qui précise que] les gens craignent (…) de "rester en retrait" plus que n'importe quoi d'autre dans leur vie : dès qu'un bébé naît, écrit-il ainsi, les parents deviennent paranoïaques, en proie à la peur qu'il sera peut-être "attardé" d'une manière ou d'une autre[7]. » Au contraire de cela, la lutte pour la reconnaissance, qui prend la forme, dans la conception que Honneth se fait du philosophe, de la dignité qu'il ressent à se retrouver dans une pensée originale éprouvée, mais enrichie, de la confrontation avec les pensées anciennes et contemporaines, ne commande pas qu'on se presse, sitôt qu'on se serait ainsi retrouvé, de se défaire, puis de se refaire à nouveau dans une posture intellectuelle jugée plus pressante et plus actuelle encore. Selon Rosa cependant, Honneth, comme tous les penseurs de la reconnaissance, n'auraient plus le choix, et devraient désormais assumer ce qu'ils mettent tant d'obstination à négliger. Rosa affirme ainsi :

> Il est (…) indéniable qu'une théorie critique de la reconnaissance ne peut pas (…) éviter à long terme de prendre en considération les effets (et causes) de l'accélération. Bien au contraire, ajoute-t-il, tant que Honneth et ses adeptes ne le feront pas, ils resteront aveugles aux manières dont les conditions de la

5 Halévy cite ainsi Michelet : « L'allure du temps a tout à fait changé (remarquait Michelet en 1872). Il a doublé d'une manière étrange. Dans une simple vie d'homme, j'ai vu deux grandes révoltes, qui autrefois auraient peut-être mis entre elles deux mille ans d'intervalle. » (Halévy, 1961).

6 Stiegler, 2019, p. 11.

7 Rosa, 2014, p. 83-84.

> reconnaissance sociale changent dans la société contemporaine ainsi qu'aux effets secondaires perturbants de ce changement[8].

Rosa perçoit-il en Honneth un partisan militant de « la décélération intentionnelle[9] », qui, à l'instar des adeptes du *slow food*, revendiquerait les mérites d'un *slow thinking* ? Sans doute perçoit-il chez son collègue de Francfort, plus probablement, un reliquat tenace de l'attitude contemplative hégélienne qui n'ose s'avancer au-delà du présent et préfère attendre, pour connaître, qu'« une figure de la vie soit devenue vieille[10] ». Toujours est-il qu'il semble difficilement contestable que Rosa interprète le refus de Honneth de répondre au *diktat* de l'accélération, comme autre chose que comme le réflexe d'une pensée aussi frileuse qu'inadaptée à sa propre prétention de comprendre ce que Rosa appelle « la modernité tardive ».

Le fait est, en tout cas, que la critique que ce dernier adresse aux « philosophes de la reconnaissance » ne permet pas de comprendre la méthode voulue par Honneth qui lie intrinsèquement la réflexion qu'il conduit sur le présent à ce qu'il appelle « une reconstruction communicationnelle du passé ». Afin de saisir les raisons qui motivent ce dernier à penser que le philosophe aujourd'hui n'a aucun intérêt à rompre avec l'histoire, cédant ainsi aux injonctions pressantes du présent, il n'est pas inutile sans doute de lire le chapitre intitulé « *Une reconstruction communicationnelle du passé*[11] » dans lequel ce dernier démontre l'intérêt qu'il nourrit pour une conception originale de l'expérience et de l'histoire repérée chez le jeune Walter Benjamin. Honneth souligne ici chez Benjamin la ressource que

---

8 *Ibid.*, p. 78.

9 *Ibid.*, p. 47-48.

10 Hegel notait en effet qu'« il est tout aussi sot de rêver qu'une quelconque philosophie surpasse le moment présent, son monde, que de rêver qu'un individu saute au-delà de son temps, qu'il saute [comme le prétend l'athlète vantard de la fable d'Ésope à laquelle se réfère ici Hegel] par dessus Rhodes. » (Hegel, 2013, p. 132). Il concluait alors la préface de ce livre en indiquant cette fameuse formule, que ne pouvaient oublier les contempteurs de la philosophie de Hegel et de l'hégélianisme : « Pour dire encore un mot de l'*enseignement* qui dit comment le monde doit être, la philosophie, de toute façon, vient toujours trop tard pour cela. (…) Quand la philosophie peint gris sur gris, alors une figure de la vie est devenue vieille et, avec du gris sur gris, elle ne se laisse pas rajeunir, mais seulement connaître ; la chouette de Minerve ne prend son envol qu'à l'irruption du crépuscule. » (*ibid.*, p. 134).

11 Honneth, 2015c, *Première partie. Pathologies de la raison*, chapitre IV. *Une reconstruction communicationnelle du passé. Sur la relation entre anthropologie et philosophie de l'histoire chez Walter Benjamin*, p. 81-116.

constitue pour sa propre réflexion l'idée d'une « "prétention" du passé à l'égard du présent[12] ». Cette prétention serait alors propre à instituer un dialogue continu au cœur de l'histoire, dialogue qu'il appartient au philosophe contemporain d'entretenir et de prolonger. Il précise ainsi ce qui constitue selon lui l'intérêt de cette idée :

> Ma thèse est que Benjamin a voulu comprendre cette faculté (il s'agit ici de la « force messianique » du présent, comprise comme « faculté toujours renouvelée de transformer les victimes de l'histoire en membres d'une communauté morale de plus en plus large ») comme le fruit d'une historiographie capable de reconstruire le passé de telle sorte que les victimes mortes deviennent des êtres doués d'âme[13].

Honneth poursuit alors son commentaire en voyant dans l'analyse de Benjamin un encouragement aujourd'hui à ressusciter « le processus historique de manière que ceux qu'il a défaits redeviennent, souligne-t-il, les partenaires d'interaction de nos expérience présentes, membres de la communauté morale[14]. » Penser après Fichte, Hegel, Marx ou Habermas, pour ne citer qu'eux, cela ne signifie ainsi jamais, pour Honneth, penser sans eux. Pour ce faire cependant, encore faut-il accepter de renouer avec « un concept emphatique de l'expérience[15] » repéré dans l'œuvre de jeunesse de Walter Benjamin[16]. À rebours de l'expérience construite par le sujet transcendantal kantien, Benjamin nous invite ainsi, selon Honneth, à reconsidérer le processus historique à la lumière d'une expérience désormais comprise comme « principe spirituel habitant toute réalité[17] » et capable de nous faire « découvrir soudain le monde comme un champ social d'analogies et de correspondances[18] ». Ce système de correspondances constitue toujours un réseau dense dans l'œuvre du philosophe de Francfort. Ce réseau communicationnel anime les intentions, chères à ce dernier, de réactualisation et de « reviviscence du passé », d'autant plus, comme il le précise en pensant sans doute aux partisans de la discontinuité de l'histoire et de son sens, parmi lesquels les penseurs de

12 *Ibid.*, p. 112.

13 *Ibid.*

14 *Ibid.*

15 *Ibid.*, p. 100.

16 Honneth (2000b, p. 179-197) se réfère ici à l'œuvre de Walter Benjamin disponible en Français sous le titre : « Sur le programme de la philosophie qui vient » (Benjamin, 2000).

17 Honneth, 2015c, p. 98.

18 *Ibid.*, p. 99.

l'accélération dont nous parlions tantôt, que « cette forme d'expérience [impliquée dans une conception de l'histoire comme reviviscence du passé] se trouve aujourd'hui, regrette-t-il, menacée de destruction[19]. »

Pour peu qu'on y prête attention, on s'aperçoit alors aisément que l'œuvre d'Axel Honneth se trouve entièrement tissée de correspondances souterraines. Tout se passe en effet comme si le passé, que Honneth refuse de considérer comme âge vieilli de la pensée, mais comme jeunesse non encore parvenue à sa maturité, revivait aujourd'hui. Cette logique, à la fois réticulaire et processuelle, s'installe manifestement ici selon trois formes qui s'y articulent habilement. Si l'on s'intéresse à la forme psychologique de cette logique d'abord, il deviendra sans doute aisé de lire la façon dont Honneth tient régulièrement à montrer la genèse et la progression d'une pensée particulière, intime, nous persuadant ainsi qu'une pensée remarquable ne saurait substantiellement se résumer en une posture étrangère à l'épreuve de la contingence selon laquelle elle est finalement devenue ce qu'elle est. En même temps cependant la volonté de procéder à une « reconstruction communicationnelle du passé », comme nous le montrions tantôt, engage Honneth à ne pas se faire simplement historien de la philosophie moderne mais à engager lui-même une discussion avec les auteurs utiles, selon lui, à alimenter sa propre réflexion sur le monde social contemporain. C'est pourquoi, ce serait ici un deuxième aspect, la logique souterraine que nous indiquions, prend alors la forme d'un réseau de communications intersubjectif entre Honneth et, principalement, Hegel, Marx et les penseurs marxiens ; Habermas, bien sûr. Mais c'est assurément dans une forme ultime que cette logique souterraine, psychologique et intersubjective, trahit enfin selon nous sa raison d'être. La structure complexe du raisonnement de Honneth n'a en effet pas d'autre visée que l'invention d'une manière originale de penser aujourd'hui le sens social de la liberté.

19 *Ibid.*, p. 112.

PSYCHOLOGIE

Commençons donc par examiner l'aspect psychologique selon lequel se développe la logique souterraine installée par Axel Honneth. Comme le souligne ce dernier, Habermas avant lui avait mesuré l'intérêt que pouvait constituer la psychologie pour la Théorie critique, et plus précisément la psychologie piagétienne[20]. Dans la continuité de ce qui inspirait son maître, les analyses de Winnicott ou d'Erikson ont joué, dans l'élaboration de la réflexion de Honneth un rôle décisif. Il y a appris, en effet, l'importance que jouent les conditions mentales et affectives dans la réalisation d'une intégration sociale et d'une reconnaissance réussies. Honneth avoue ainsi se trouver conforté, grâce à Winnicott et à Erikson, et après avoir lu les précurseurs de « la psychanalyse anglo-saxonne de l'après-guerre » (Stern, Spitz, Bowlby) dans l'idée que « le processus de socialisation dépend de façon déterminante des expériences que le nourrisson fait dans ses relations affectives avec ses premiers partenaires[21]. » De sorte que le principe de corrélation entre le comportement psychologique et social du jeune enfant et celui de l'être humain parvenu à la maturité de sa vie sociale n'est pas, chez Honneth, simplement significatif. En réalité, il en fait l'axiome de sa propre psychologie cognitive, axiome à partir duquel il nous propose ensuite de déduire une série cohérente de corrélations décisives. Cette série, qui part du principe que la psychologie du jeune enfant oriente de façon déterminante celle de l'adulte qu'il sera, parvient, au fil d'un déploiement habilement diffusé dans la totalité de l'œuvre, à nous persuader des évolutions cohérentes qui lient les idées de jeunesse aux pensées mûres. On peut alors, de manière non exhaustive, repérer quelques figures exemplaires de ces corrélations qui suggèrent à elles seules l'importance de ces liens essentiels aux yeux d'Axel Honneth.

20 On peut lire en effet : « Habermas (...) se sert ici de la psychologie piagétienne de l'évolution et de sa transposition à l'histoire de la conscience de l'espèce pour expliquer la logique de ce processus global d'apprentissage [visant à étendre le savoir constitutif de leur monde vécu]. Le mécanisme menant à la différenciation des systèmes d'interprétation du monde vécu, précise t-il alors, dépend en effet, à ses yeux, d'un processus de décentrement cognitif semblable à celui que Piaget avait identifié dans le développement de l'enfant. » (Honneth, 2013b, p. 224).

21 Honneth, 2000b, p. 19.

Ainsi, la lecture des écrits de jeunesse de Hegel, qui autorise Honneth à apercevoir un droit à la reconnaissance chez celui qui lutte pour tenter de relever l'offense du crime qu'il subit[22] appelle-t-elle l'appréciation de son devenir dans des « formes "coagulées" de reconnaissance mutuelle », qu'il finit par repérer dans les institutions sociales pensées par Hegel en 1820[23]. Désormais en effet, la forme bijective, autrement dit intersubjective, que prenait la lutte pour la reconnaissance, exemplairement exposée au chapitre IV de la *Phénoménologie de l'esprit* sous l'aspect de la lutte du valet contre le maître pour l'accès à la reconnaissance l'un de l'autre, se trouve-t-elle de la sorte socialement vérifiée, dans les *Principes de la philosophie du droit*, par l'assise durable que lui accorde alors l'institutionnalisme hégélien. Dans la société civile hégélienne en effet, la figure du bourgeois incarne l'égalisation d'une reconnaissance de droit au sein de laquelle il n'y a plus ni maître ni valet.

À propos de Marx cette fois, Honneth souligne l'intérêt qu'il nourrit, et qu'il dit d'ailleurs regretter de ne pas voir nourri chez tous les penseurs marxistes, d'étudier la façon dont l'analyse des faits d'aliénation et de réification ont suggéré une « logique de l'émancipation ». Ainsi :

> Ce n'est pas seulement la capacité à établir un diagnostic du temps, c'est aussi, comme le regrette Honneth, le potentiel normatif (...) du marxisme qui s'est perdu. Parce qu'il voyait dans le travail la sphère décisive d'autoréalisation de l'homme, peut-on lire alors, Marx pouvait mesurer normativement le degré de justice d'une société aux *opportunités qu'elle offre de se réaliser* à travers le travail[24].

L'idée même qu'une pensée remarquable ne saurait se résumer en une seule posture, ou en une rhapsodie discontinue de postures sitôt empruntées, sitôt délaissées, peut encore se vérifier dans le trajet essentiel qui lie, selon Honneth, le Georg Lukács de « l'anticapitalisme romantique » au même Georg Lukács, pensant cette fois « la réification ». Ainsi l'aliénation, que Honneth repère en 1911 chez l'auteur de la *Théorie du roman* comme l'effet de « la rationalisation capitaliste du travail (qui) détruit les possibilités d'extériorisation individuelle, [accompagnée d'une dissolution de] la société en une succession de sujets atomisés, isolés[25], » sera-t-elle pensée douze ans plus tard, dans *Histoire et conscience de classe*,

22 *Cf. ibid.*, p. 32.
23 *Cf. ibid.*, p. 88.
24 Honneth, 2013b, p. 34.
25 *Ibid.*, p. 84.

comme « la disposition (*Habitus*) ou encore l'habitude correspondant à l'attitude contemplative par laquelle l'environnement naturel, le monde social, ainsi que les capacités du sujet, sont saisis d'une manière désintéressée et affectivement neutre, à la manière des choses[26]. » Honneth se fait ainsi témoin de la modification continue du regard critique que Lukács a posé, au fil de sa pensée, de l'expansion des échanges marchands qui s'imposaient alors.

Sur le fond de ces trois exemples, auxquels on pourrait ajouter beaucoup d'autres[27], on s'aperçoit que le style de la théorie critique devient, chez Axel Honneth, quasi cinématographique, pour autant, en effet, qu'on cherche ici à dessiner de façon continue les métamorphoses de pensées, captées dans leur inscription sociale historique dynamique.

Mais l'histoire, en même temps, ne s'arrête pas là. Filmer ne suffit pas, il faut en plus réaliser, actualiser ces pensées en mouvement. La pensée de Honneth prolonge ainsi la vie de la pensée des autres, au fil d'une discussion inédite, propre à conjurer la malédiction des discours écrits que dénonçait le Socrate du *Phèdre*[28]. En un certain sens, Honneth semble ainsi mettre originalement en pratique l'intérêt méthodologique que Dewey, en s'appuyant sur les découvertes de Francis Bacon, reconnaissait à la reconstruction, comprise comme manière essentielle de l'enquête. En voulant insister sur le caractère éminemment performatif de la reconstruction historique en philosophie, John Dewey indiquait ainsi en 1920 :

> Même la connaissance disponible qui aura fait l'objet des contrôles les plus rigoureux n'intéresse la logique de l'enquête que pour les services qu'elle peut

---

26 Honneth, 2007b, p. 27.

27 Évoquons, pour clore une liste qui ne peut être ici qu'arbitrairement close, tant les exemples sont nombreux, la façon dont la « théorie de l'agir communicationnel » prolonge et cherche à résoudre, chez Habermas, la question de la « rationalisation technique » et la « mise à disposition » (*cf.* Honneth, 2013b, p. 226) ; de la même façon, Honneth aperçoit-il dans la psychanalyse de Winnicott ou de Castoriadis, la continuation d'un geste inauguré par Freud, Marcuse, et Fromm.

28 « SOCRATE : Il y a dans l'écriture quelque chose de terrible, Phèdre, qui la rend réellement semblable à la peinture : les rejetons de la peinture, en effet, se tiennent debout comme s'ils étaient vivants, mais si on les interroge, ils restent solennellement muets. C'est la même chose pour les discours : on pourrait croire qu'ils sont intelligents et qu'ils parlent, mais si on les interroge en voulant comprendre ce qu'ils disent, c'est toujours une seule et même chose qu'ils signifient. Et lorsque, une fois pour toutes, il a été écrit, chaque discours s'en va rouler partout, sans distinction, aussi bien auprès de ceux qui le comprennent, qu'auprès de ceux auxquels il ne convient pas : il ne sait pas dire auprès de qui il doit aller. » (Platon, *Phèdre*, 275d-e, 2007, p. 304-305).

> rendre dans les enquêtes et les découvertes à venir. La vérité ancienne, précisait-il alors, vaut avant tout comme aide à la découverte de la vérité nouvelle[29].

Dewey avait ainsi fait du « slogan baconien "savoir, c'est pouvoir"[30] », son propre slogan. Cependant, si Axel Honneth partage avec Dewey l'idée que le savoir tire sa puissance de sa capacité à agir sur la société moderne, à en suggérer les améliorations, il se distingue cependant de lui sur la manière. L'invention chez Honneth ne saurait en effet se produire en renonçant au maintien d'une discussion serrée avec les pensées anciennes. L'invention, loin d'être conçue comme une façon de remercier, dans tous les sens que cette expression peut recevoir dans la langue française, les auteurs anciens, relève, selon Honneth, d'une occasion manifeste de démontrer que penser après eux implique nécessairement de penser avec eux.

DISCUSSION ET INVENTION

Le psychologue attentif à la genèse des pensées intimes devient alors perplexe et désormais interroge, se faisant ainsi partenaire d'un dialogue relancé, prolongé, animant un désir partagé d'éclairer les conditions théoriques, historiques, et sociales, susceptibles de faire de l'existence individuelle une existence faite de reconnaissance et de liberté. Axel Honneth nous offre un exemple de son art de la discussion au chapitre XIII du second volume de *Ce que social veut dire*[31]. Ainsi le titre qu'il propose de ce chapitre (« Le tissu de la justice ») est à comprendre selon un double niveau. À un premier niveau tout d'abord, il s'agit d'expliquer que la justice sociale elle-même ne saurait se décider sur le fond d'un accord concerté entre individus supposés libres de leurs décisions, qui rechercheraient ensuite dans l'État la sauvegarde juridique de leurs accords, à la manière dont le droit de propriété protègerait des biens. Honneth dénonce ici l'erreur du procéduralisme libéral contemporain, qui ignore la complexité même du tissu de la justice qui, pour se réaliser, ne saurait se satisfaire selon lui

29 Dewey, 2014, p. 91.
30 *Ibid.*, p. 108.
31 *Cf.* Honneth, 2015c, chapitre XIII, « LE TISSU DE LA JUSTICE ». « Sur les limites du procéduralisme contemporain », p. 290-317.

d'une procédure. Cependant et en même temps, ce niveau sémantique, pour autant qu'il indique le sens de ce qui est dit, laisse apparaître de façon tout aussi intéressante un autre niveau, syntaxique cette fois, pour autant qu'il indique de quelle façon s'ordonne et prend forme ce qui est dit. De sorte que « le tissu de la justice » désigne en même temps la complexité harmonique sur laquelle repose l'essence de la justice sociale, et le concert des idées auquel Honneth mêle ses propres réflexions de façon à enrichir ce premier niveau. La réflexion sur le sens de la justice sociale se tisse ainsi sur le fond d'une discussion au cours de laquelle Honneth, apercevant tout d'abord Rawls comme seul interlocuteur ayant déjà parlé, convoque alors Habermas, les procéduralistes libéraux, Hegel et Foucault enfin, pour donner corps à ses propres convictions. Les épisodes de cette discussion, très instructive pour qui veut comprendre la logique intersubjective selon laquelle Honneth tisse sa pensée, méritent d'être précisément retracés dans leurs différentes étapes.

La discussion démarre ainsi dès lors que Honneth constate, qu'après « le défi du communautarisme retombé[32] », la voix de Rawls, reprise comme un écho par les penseurs libéraux, demeure quasiment seule à se faire entendre, appelant immédiatement ainsi une réponse. C'est donc l'interrogation sur le bien-fondé d'une conception portant sur le faire justice, et reposant sur le trépied du consensus des positions autonomes des individus, de la distribution équitable, et de la garantie institutionnelle de l'État, qui marque ici le début de la discussion. Habermas est alors invité à s'exprimer, à parler avec Honneth à l'unisson, pour soulever le problème que pose cette vision procédurale idéale de la justice, dès lors qu'on cesse de la considérer comme « une simple expérience de pensée, mais comme un processus réel dans le monde social[33]. » Honneth introduit alors dans la discussion, en en faisant son allié, le penseur du « procéduralisme historiquement situé » (*ibid.*, note 9, p. 368) :

> C'est ainsi, indique-t-il, que je comprends l'intention fondamentale de la théorie de la justice développée par Jürgen Habermas dans *Droit et Démocratie*, où les conditions institutionnalisées de la procédure démocratique par laquelle une collectivité politique se donne à elle-même ses propres lois (*ibid.*).

32 *Ibid.*, p. 291. Honneth songe ici aux difficultés que des penseurs comme Michael Walzer ou Charles Taylor soulevèrent à l'encontre d'une conception de la justice procédurale exposée dans la *Théorie de la justice* chez Rawls, pourtant reprise dans ses grandes lignes chez les auteurs néolibéraux.

33 *Ibid.*, p. 297.

Préfigurant la solution que Honneth lui-même finira par proposer de la définition des conditions de production de la justice sociale[34], c'est alors de façon, il est vrai fort inattendue, la voix de Michel Foucault qui se trouve convoquée, afin de préparer l'entrée de Hegel dans la discussion. En effet, la reconnaissance que l'individu ne peut que très difficilement espérer de l'activité de l'État, fût-il démocratique, nous invite, selon Honneth, à nous rendre attentifs au « décentrement du concept de pouvoir opéré ces dernières décennies dans le sillage de Michel Foucault[35]. » La remise en cause d'une « gouvernance politique (qui) s'exerce toujours linéairement du haut vers le bas, par le biais de l'État » (*ibid.*) conduit alors Honneth à s'intéresser à l'analyse que Hegel proposait en 1820[36] du fonctionnement des corporations, en ce que ces organisations de la société civile, fondées sur l'« entraide » et la dignité que les individus ont à travailler, autorise une reconnaissance dont l'État demeure incapable[37].

À partir de cet exemple, on peut ainsi souligner deux traits caractéristiques du style et de la méthode chers à Honneth. On voit tout d'abord que l'éthique de la discussion ne reçoit pas chez lui une valeur simplement normative, mais irrigue la vie de sa pensée et anime son écriture. La réflexion intime, nécessairement théorique, prend de la sorte un aspect empirique à mesure que se tissent les échanges entre des figures singulières qui animent cette discussion des couleurs respectives de leurs voix. Les penseurs du XXe siècle s'accordent ainsi à ceux XIXe et du XXIe non à l'unisson, mais selon une harmonie concertante. Hegel, Rawls, Foucault, Habermas, Honneth, coopèrent ainsi d'une façon comparable à ce que le sociologue américain Richard Sennett, qui fut violoncelliste professionnel, pense les caractéristiques de la coopération entre musiciens qui répètent une œuvre de musique de chambre. Ce dernier précise en effet que « cet empirisme est peut-être l'aspect essentiel de la coopération

34 « (...) je dirais, premièrement, qu'il s'agit de remplacer le schéma distributif par l'idée d'une intégration de tous les sujets dans les rapports de reconnaissance existants ; deuxièmement, que la construction d'une procédure fictive doit faire place à une reconstruction normative qui mettra à jour dans une perspective historico-génétique les normes morales fondatrices de ces rapports de reconnaissance ; et troisièmement, que l'attention exclusive portée à l'activité régulière de l'État de droit doit être complétée et décentrée par la prise en compte d'instances et d'organisations non étatiques. » *ibid.*, p. 309).

35 *Ibid.*, p. 307.

36 *Cf.* Hegel, 2013, § 250–256, p. 410-416.

37 Honneth, 2015c, p. 307-308.

artistique dans une répétition : la coopération, insiste-t-il, est essentielle, les interprètes ont besoin d'identifier des détails parlants et significatifs sur lesquels travailler[38]. » Honneth, qui a d'ailleurs signifié son intérêt pour les analyses de Sennett[39], cultive de façon indéniable ce trait empirique de la discussion qui rassemble pourtant des acteurs parfois distants de plusieurs siècles sur des objets souvent très théoriques, de telle sorte que ses réflexions s'en voient d'autant plus humanisées par le plaisir manifeste que leur auteur prend à faire se concerter des figures très variées.

Cependant et en même temps, le souci de renouveler une tradition, qui implique d'ailleurs d'élire dans cette même tradition quelques grands noms fréquemment croisés dans l'œuvre de Honneth, n'interdit nullement l'invention d'une réflexion originale. Cette dernière est bien la cause finale de cette première. En ce sens, le concert au cours duquel Honneth mêle sa propre voix aux voix du passé se trouve moins motivé par un devoir d'honorer ses maîtres, qui se trouvent d'ailleurs bousculés dans son œuvre, que par une volonté de répondre à l'appel de la société contemporaine. L'histoire de la pensée, comme chez Hegel, ne sert ainsi qu'à reconnaître ce qui, dans le présent, est effectif.

Suivant la logique de la philosophie sociale qui constate, pour reprendre l'expression d'Adorno, « qu'on ne peut mener une vie bonne dans une vie mauvaise[40] » Honneth repère cet appel de la société en observant la souffrance des individus dans leurs vies sociales respectives. Cette souffrance, dont nous tenterons de montrer qu'elle constitue le symptôme de ce que Honneth conçoit indistinctement comme des pathologies de la reconnaissance et des pathologies de la liberté[41], recouvre des aspects variés. Les injustices béantes produites par le capitalisme contemporain

38 Sennett, 2014, p. 31.

39 On note ainsi deux références à l'analyse des « contre-cultures du respect » (R. Sennett et J. Cobb, *The Hidden Injuries of Class*, Norton, New-York, 1992, p. 79-89). *Cf.* Honneth, 2000b, p. 151, et Honneth, 2015c, p. 239.

40 Adorno, 2003, § 18, p. 45-48. Voir également, Butler, 2014.

41 Nous ne croyons pas, en effet que ces deux aspects doivent être distingués dans l'œuvre d'Axel Honneth, et ne souscrivons pas à l'idée que la publication de *Das Recht der Freiheit* confirmerait un virage déterminant dans le passage d'un « droit à la reconnaissance », qui marquerait une époque révolue de la pensée de ce dernier, à ce qui serait désormais exclusivement un « droit de la liberté. » Voir sur ce point notre deuxième chapitre « La proposition d'une socio-iatrie », deuxième section « Une symptomatologie du corps en crise. »

contribuent tout d'abord largement à aiguiser l'attention d'Axel Honneth sur les développements inédits de « l'apparence matérielle de rapports sociaux (...) médiés par les choses seules, nous faisant perdre de vue la structure intersubjective de la liberté », poursuivant ainsi la critique inaugurée par Marx dans *Le Capital*[42]. Cela se vérifie aisément lorsqu'on observe les effets désastreux de la gestion managériale du travail qui interdit, selon Honneth, la reconnaissance du talent et de la culture de ceux qui travaillent, et détache ainsi le travail du sentiment de la dignité qu'on peut avoir à travailler. Les traumatismes sociaux subis aujourd'hui ne s'arrêtent pourtant pas au seuil de la société civile. Les membres de la famille, certes libérés aujourd'hui de la structure patriarcale coercitive des normes de la famille bourgeoise, ne demeurent pas moins vulnérables et souvent blessés, du fait du tissu émotionnel fragile qui compose la société familiale. Certes ceux-ci ne sont plus désormais tenus par l'ancestral partage conventionnel des tâches intrafamiliales, ou encore par le modèle hétérosexuel du couple parental. Cependant la décomposition de la famille reste une épreuve traumatisante, autant que peut l'être la vie d'une famille recomposée dont certains membres demeurent rebelles à la recomposition. Ajoutons à cela, enfin, le sentiment récurrent de défiance envers l'État, régulièrement soupçonné d'être incapable de produire un ordre social juste, dans lequel les citoyens pourraient vivre librement en assumant dans le vif de leurs vies quotidiennes respectives, ce sentiment de liberté.

Le défi lancé par la philosophie sociale d'Axel Honneth se veut être à la mesure de cet appel de la société contemporaine, qui exige d'inventer un nouveau sens de la liberté.

LES NUISANCES DE LA LIBERTÉ

L'urgence qui nous pousse aujourd'hui à penser un sens nouveau, non moral et non juridique ou politique de la liberté, repose avant tout sur le constat que les causes des pathologies sociales dont nous souffrons ne sont elles-mêmes ni morales ni politiques ; qu'elles nous dissuadent,

42 Honneth, 2015b, p. 85.

de ce fait même, de rechercher une issue dans des solutions strictement morales ou strictement politiques. Ces pathologies ne sont tout d'abord pas liées, en effet, à une crise du libre arbitre ou à une crise de la liberté d'indifférence. Les difficultés que l'individu peut avoir aujourd'hui à prendre des décisions, à les prendre en ce sens plutôt qu'en un autre sens, constituent selon Honneth une pathologie qui s'aggrave à partir du moment où ce même individu se sent exempté de mobiliser des efforts pour défendre des droits qui lui semblent déjà garantis par l'arsenal de ses droits juridiques[43]. Or cela ne peut se régler, comme nous le montre Honneth, en sondant les dispositions d'esprit ou en prônant une éthique de l'intention. Pour ce faire, les solutions déontologistes, on songe tout naturellement au recours à l'autonomie de la personne morale chez Kant[44], sont désormais obsolètes. Comme l'a montré de manière très éloquente Slavoj Žižek rien ne sert, par exemple, d'exhorter le spectateur passif des sitcoms, qui délègue son loisir de rire ou d'applaudir au montage de sa série télé préférée, à choisir un programme qui solliciterait plus son activité mentale et ses émotions[45]. Žižek montre ici efficacement en quoi, ce qui d'emblée peut ressembler à une crise de l'arbitre, relève en fait d'une crise de la jouissance. Alors que l'incapacité morale peut se penser sous la forme d'une pathologie de l'activité, il s'agit là d'une incapacité d'être passif. L'individu souffre donc dans ces conditions d'une impuissance à jouir du monde comme objet de passion. Dans ce contexte, le tissu intersubjectif du monde, qu'on pouvait s'attendre à reconnaître comme tissu d'interactivités, se transforme en tissu d'interpassivités, qui fait, comme le signifie Žižek, que « je suis passif à travers l'autre, c'est-à-dire que je cède à l'autre la dimension passive de mon être[46]. » Au vu de ces formes modernes de l'aliénation, que Marx avait observées à propos de la vie des travailleurs, mais dont l'analyse s'étend aujourd'hui

43 L'individu peut alors s'apercevoir que son « indécision » recouvre le sens médical d'une « aboulie chronique », autrement dit d'une incapacité pathologique répétée à délibérer et à faire des choix (*Cf.* Honneth, 2015b, p. 148).

44 Kant définit la volonté de la personne morale au sens de l'« autonomie », c'est-à-dire au sens de « la propriété qu'à la volonté de constituer pour elle-même une loi ». (Kant, 1994, p. 132).

45 Žižek reconnaissait dans la forme des sitcoms, séries télé où le spectateur n'a plus à rire ou à applaudir puisque des rires et des applaudissements sont déjà préenregistrés dans les différentes séquences, une posture de ce qu'il nomme « le sujet interpassif » (*Cf.* Žižek, 2004, p. 37).

46 *Ibid.*, p. 19-20.

à l'ensemble de l'existence humaine, les propositions déontologistes[47] de la philosophie morale sont tout simplement un non-sens.

Alors même, donc, que le sens moral de la liberté se révèle inopérant à penser les pathologies de notre société moderne comme, *a fortiori*, à proposer des solutions, le sens politique de la liberté ne laisse, quant à lui, guère plus d'espoir. La crise de notre société n'est en effet pas plus une crise de régime politique ou de souveraineté, qu'une crise de l'arbitre. L'incapacité aujourd'hui du politique, envisagé dans ses compétences législative et exécutive, ne saurait purement et simplement se résorber en changeant de constitution ou en changeant de gouvernement. Ces changements, seulement susceptibles d'aggraver, et même d'aggraver très sérieusement les traumatismes sociaux lorsqu'on observe les tentations répétées pour rechercher des alternatives au principe de démocratie et de laïcité, ne sauraient malheureusement pas améliorer les choses. On ne saurait politiquement, en effet, faire plus démocratique que le régime démocratique, ou rendre plus républicain un État fondé sur des lois établies sur le principe constitutionnel de la liberté, de l'égalité, et de la fraternité. Il n'est d'ailleurs pas dans la nature de l'institution politique d'inventer une idée de la liberté, encore moins de s'assurer de l'effectuation, dans nos vies sociales respectives, que les principes juridiques prévus dans la constitution irriguent nos vies sociales. Le droit politique garantit ainsi une liberté juridique qui se situe en aval des luttes empiriques qui l'ont fondé, et en amont de la sphère de la vie publique démocratique dont elle n'assure que les conditions formelles[48]. La liberté politique, qui est en fait liberté juridique, ne

47 La réflexion pratique s'habitue aujourd'hui à distinguer les *théories déontologistes*, qui considèrent que l'être et le sens de l'agir se trouvent essentiellement déterminés par la volonté et l'action de l'agent (ce que l'on reconnaît volontiers chez Kant, ou encore dans les principes du libéralisme) des *théories conséquentialistes*, tournées vers le développement de l'action elle-même, pour autant que se jouent là une raison d'agir qu'une éthique de l'intention et de l'arbitre ne suffit pas à épuiser (ce que l'on reconnaît volontiers chez Hegel, ou encore dans les principes de l'utilitarisme). Thomas Nagel parle ainsi d'une approche « relative par rapport à l'agent », du côté de l'attitude déontologiste, qu'il oppose à une approche « neutre quant à l'agent », du côté de l'attitude conséquentialiste (*Cf.* Nagel, 1993, p. 197 *sq.*).

48 Honneth remarque en effet que « le moteur, le medium des processus historiques de réalisation des principes de liberté institutionnalisés n'est pas en premier lieu le droit, mais les conflits sociaux portant sur la juste compréhension de ces principes et sur les changements de comportement en résultant. » (Honneth, 2015b, p. 504).

suffit pas à faire une vie libre, ressentie comme telle par des individus désireux de « se voir [eux-mêmes] confirmés dans les désirs et les objectifs de l'autre[49] », pas plus que la liberté morale n'autorise une vie bonne. De sorte que celui qui passerait son temps à examiner ses droits, fussent-ils comparés aux droits des autres, comme celui qui passerait son temps à faire justice au point que le monde pourrait en périr[50], négligeraient de vivre.

On comprend dès lors que la liberté, dans ces conditions, ne se contente pas d'épouser des formes absurdes et inefficaces ; la liberté peut ici devenir essentiellement nuisible. C'est ce qui se passe à partir du moment où les individus qui la revendiquent adoptent une posture de retrait par rapport au monde de la vie, en oubliant que ce monde est le monde de leur vie, non pas celle d'une vie substantielle, déjà offerte, mais d'une vie qu'il leur incombe de mener en acceptant la vie des autres comme condition de leur propre vie. Axel Honneth, qui adopte largement cette perspective critique, perçoit ainsi dans une éthique négative[51], une éthique de la déliaison, la forme contemporaine de l'aliénation. C'est pourquoi il s'inscrit aujourd'hui, aux côtés de penseurs, tels Slavoj Žižek ou Judith Butler qui, dans la continuité de ce qu'avait conceptualisé Marx sous le terme de *« Gegenstandslosigkeit »* (le fait d'être confronté à l'absence d'objet), contribuent à actualiser la pensée de l'aliénation. Au cours de l'examen qu'il nous a proposé du travail aliéné, Marx indiquait en effet que « l'objectivation apparaît à ce point comme perte de l'objet que ce ne sont pas les objets les plus nécessaires non seulement à la vie, mais aussi les objets de travail qui sont dérobés au travailleur[52]. » Franck Fischbach a publié en 2009 une étude originale de cette forme d'aliénation moderne en se fondant sur le constat qu'aujourd'hui :

---

49 *Ibid.*, p. 75.

50 Kant indique d'ailleurs, sans ambiguïté aucune, que « la sentence un peu cavalière mais vraie, *fiat justitia, pereat mundus* (…) n'autorise pas à faire valoir ses droits en toute rigueur. » (*Projet de paix perpétuelle*, appendice, I, trad. Anonyme (1796) revue par Heinz Wismann (Kant, 1986a, p. 374). La philosophie kantienne ne cautionne en effet absolument pas le moralisme, qui, selon Kant, conduirait à des conséquences politiques désastreuses (*ibid.*, p. 375-376). Voir, sur ce point, les pages de notre commentaire de *Théorie et pratique* consacrées à « La question du rigorisme kantien » (Kant, 2019, p. 158-162).

51 Honneth repère l'origine historique de ce qu'il nomme « la liberté négative » chez Hobbes, pour autant qu'il conditionne l'efficacité de l'auto-détermination individuelle au fait que ni la volonté ni l'action ne puissent être entravées (*Cf.* Honneth, 2015b, p. 41 *sq.*).

52 *Cf.* Marx & Engels, 1982, p. 365, traduit par Franck Fischbach in Marx, 2007, p. 61.

> Notre désobjectivation a [...] atteint des proportions telles qu'il nous est devenu difficile, selon lui, de déterminer ce qui est nécessaire à nos vies, et plus encore de savoir ce qui pourrait être suffisant pour vivre et bien vivre[53].

Ce processus de retrait ou de mise à l'écart du monde de la vie constitue de la même façon, chez Axel Honneth, des pathologies propres à la liberté juridique et à la liberté morale, qui exigent donc qu'on ne puisse se satisfaire de ces formes de liberté.

Avant d'examiner précisément les causes qui, selon Honneth, sont susceptibles de rendre nuisibles ces formes de liberté, il faut cependant remarquer que ni la liberté juridique ni la liberté morale ne sont nuisibles en elles-mêmes, qu'elles apparaissent même comme des conditions d'effectuation de la liberté sociale. Ainsi, la capacité juridique de nous rendre propriétaires des biens dont nous avons besoin et que nous désirons obtenir, apparaît-elle comme une condition *sine qua non* de notre liberté. À l'inverse, nous ne pouvons avoir le sentiment d'être libres lorsque nous fait défaut cette capacité. C'est pourquoi l'esclave, le sujet d'un État despotique, comme l'individu soudainement déchu de ses droits bancaires, ne sauraient se sentir libres. En sus de l'argument libéral[54] rappelant « le droit fondamental de tous les sujets (de droit) à disposer d'une propriété privée[55] » et de l'argument hégélien consistant à reconnaître ici « une "extériorisation" du libre vouloir[56] », Honneth reconnaît ainsi une vertu conceptuelle à la liberté juridique. Dans le fait que les sujets de droit se voient dotés de « droits sociaux leur accordant une part de la richesse sociale comme une base matérielle d'un exercice de leurs libertés juridiques », Axel Honneth nous invite en effet à observer « que la signification normative de ces droits sociaux est le résultat de cette tâche consistant à permettre matériellement aux individus d'exercer de façon véritablement effective une autonomie privée garantie par les

53 Fischbach, 2009, p. 258.

54 Locke indiquait que « la fin capitale et principale, en vue de laquelle les hommes s'associent dans des républiques et se soumettent à des gouvernements, c'est la conservation de leur propriété. Dans l'état de nature, notait-il en effet, plusieurs conditions font défaut. » (Locke, 1967, § 124, p. 137).

55 Honneth, 2015b., p. 117.

56 *Ibid.*, p. 118. Hegel remarquait en effet que « l'aspect selon lequel je suis, en tant que volonté libre, ob-jectif pour moi-même dans la possession et suis seulement ainsi volonté effective, [cet aspect] constitue ce qu'il y a là-dedans de véritable et de juridique, la détermination de la *propriété*. » (Hegel, 2013, § 45, p. 192).

droits libéraux[57]. » C'est ce qui justifie, selon lui, qu'il y ait une « raison d'être de la liberté juridique[58] », de la même façon qu'on peut justifier qu'il y ait une « raison d'être de la liberté morale[59] ». Il y a en effet un sens et une utilité sociales de la liberté morale qui consiste entièrement dans le droit de juger, de façon impartiale sans que ce soit de façon impersonnelle[60], « des normes d'action données et, le cas échéant, de les ignorer[61]. » Sans cette « instance d'appel tout à fait autonome » (*ibid.*, p. 165) aucune liberté ne saurait être effective. Pour savoir ce que doivent être nos vies, il suffirait en effet de suivre nos vies comme elles vont, sans que nos choix aient à orienter celles-ci en un sens ou en un autre.

S'il y a donc des raisons d'être de la liberté morale et de la liberté juridique, et si, malgré tout, ces formes de liberté ne suffisent pas à nous rendre libres, et peuvent même nuire à nos libertés, ce n'est donc ni à cause du sens, ni du fait de ces formes de liberté. Les pathologies de la liberté proviennent en effet, comme nous l'indiquions tantôt, d'une attitude de retrait vis à vis du monde de la vie, corrélative d'une fausse interprétation de la liberté juridique comme de la liberté morale. L'analyse que nous propose Honneth dans *Le droit de la liberté*, des pathologies de la liberté juridique (*ibid.*, p. 136-149) et des pathologies de la liberté morale (*ibid.*, p. 178-189) s'inaugure ainsi respectivement sur le constat de cette erreur d'interprétation. Les individus produisent en effet les conditions de leur propre souffrance, comme nous l'explique Honneth, à partir du moment où ils interprètent la temporalité de la déliaison rendue possible par l'exercice des droits juridique et moral, comme durable, alors que cette temporalité juridique ou morale, ne saurait être que provisoire. Il peut, certes, par exemple, nous apparaître souhaitable, voire dans certaines situations conflictuelles pressantes, nous apparaître urgent, d'exercer notre jugement à penser ce qui est juste ou injuste, en faisant abstraction de nos sentiments comme des circonstances dans lesquelles s'inscrivent ce que nous avons à juger. De la même façon il s'avère parfois indispensable de songer à ce qui est légal pour nous et pour ceux avec qui nous vivons. Cependant, les limites de la liberté morale et de la liberté juridique surgissent dès lors

57 Honneth, 2015b., p. 124.
58 *Ibid.*, p. 116-128.
59 *Ibid.*, p. 152-164.
60 *Ibid.*, p. 172.
61 *Ibid.*, p. 166.

que ce « décentrement » moral (*ibid.*, p. 174) ou que cette détemporalisation juridique[62] sont comprises comme durables ou encore, *a fortiori*, comme des modes de vies réelles. Lorsque le juridisme et le moralisme s'érigent en modes de vies, alors les vertus de la liberté sont oubliées. Ces attitudes produisent des monstres justiciers aussi improbables que réels. Ces derniers ne peuvent qu'ignorer, en effet, la raison d'être de la justice et ne se souviennent plus de ce que peut signifier la garantie juridique de pouvoir disposer de leurs biens matériels (*ibid.*, p. 124[63]) ni de ce que peut signifier le droit moral, en tant que droit de la culture, d'interroger l'ordre social mis en péril par des injustices.

Mettre en évidence ces nuisances de la liberté n'est cependant pas chose facile pour Honneth. Le défi consiste ici à assumer l'idée qu'il ne s'agit pas là simplement de « limites de la liberté » mais de véritables « pathologies de la liberté », subies par des individus qui souffrent et font souffrir les autres, et à assumer en même temps l'obstacle pratique qui fait que ces pathologies n'offrent quasiment aucune prise à l'observation empirique. Alors même que leurs effets sociaux dévastateurs restent quant à eux très visibles (coopération et discussion impossibles, atmosphère sociale délétère, exclusion), ces pathologies elles-mêmes demeurent cachées, de sorte qu'elles ne cessent de décourager les psychologues les plus perspicaces. C'est pourquoi la philosophie sociale ne peut refuser le secours que lui propose sur ce point l'art, pour autant que l'artiste demeure le seul à nous offrir une exhibition sensible, manifeste et publique, des sentiments et des idées. Décidant de faire œuvre utile de cette qualité que Kant reconnaissait dans le génie[64], Honneth repère

62 « L'idée consistant à soulager temporairement l'agir individuel des engagements intersubjectifs à l'aide de droits individuels est dans de tels cas, comme le note Honneth, d'une certaine manière, détemporalisée, et est prise pour point de référence général de la relation à soi. » (*ibid.*, p. 140).

63 Le sens juridique du droit de propriété, qu'on ne doit pas confondre avec l'acte naturel de la possession, s'articule selon les trois principes de l'*usus* (droit d'user des biens dont nous sommes propriétaires), du *fructus* (droit de percevoir les fruits et les revenus de ses biens, par exemple en louant une habitation), enfin de l'*abusus* (droit de disposer de son bien, par exemple en le vendant ou en le donnant, ou encore de le détériorer ou de le détruire).

64 « Le poète, écrivait Kant, ose donner une forme sensible ‹*versinnlichen*› aux Idées de la raison que sont les êtres invisibles, le royaume des saints, l'enfer, l'éternité, la création… etc., ou bien encore à des choses dont on trouve au vrai des exemples dans l'expérience, comme la mort, l'envie et tous les vices, ainsi que l'amour, la gloire… etc., mais en les élevant alors au-delà des bornes de l'expérience, grâce à une imagination, qui s'efforce de

ainsi dans la littérature romanesque de Henry James, par exemple chez Frederick Winterbourne, personnage principal masculin de *Daisy Miller*, « des protagonistes qui, dans leur zèle à défendre des principes moraux universels, en viennent à oublier où se situent leurs devoirs les plus évidents, ou le lieu même où un mal moral devrait en réalité être combattu[65]. » Le film *Kramer contre Kramer*, réalisé par Robert Benton en 1979, donne lieu quant à lui à un commentaire très précis et très utile de la façon dont « les protagonistes anticipent constamment les conséquences juridiques de leurs actes, tout autant que les effets de cette anticipation sur leurs intentions et sur leurs personnalités[66]. » Honneth s'avoue ainsi tout particulièrement intrigué et intéressé par l'attitude de Ted Kramer, qui, à partir du moment où il apprend que son ex épouse demande la garde de leur fils, « se met à calculer la totalité de ses actes quotidiens avec pour seul souci leur effet potentiellement favorable sur la décision du juge[67] ». L'intérêt esthétique de cette œuvre, qu'Axel Honneth se contente de souligner tièdement, se mêle alors de manière inextricable à son utilité philosophique extraordinaire, qui est de nous rendre manifeste le caractère social de ces drames intimes. C'est alors une émotion intelligente, ou une intelligence émue, qui pousse Honneth à déclarer, à propos du changement d'attitude de Ted Kramer :

> Le film touche véritablement à l'excellence lorsqu'il force le spectateur à anticiper en lui-même cette transformation : en vivant par procuration l'action qui se déroule sur l'écran, nous comprenons ce que signifie être un sujet qui envisage la totalité de ses affaires personnelles du seul point de vue du droit (*ibid.*).

À défaut d'être un individu existant, Ted Kramer ne laisse cependant pas de représenter une posture pathologique bien réelle que nous avons tous rencontrée un jour ou l'autre lors de conflits juridiques similaires, parfois même dans le comportement ou les réactions d'automobilistes signifiant de façon autoritaire, voire même avec vulgarité, leurs droits de faire usage de la route, lorsqu'ils estiment ces mêmes droits lésés. C'est un raidissement comparable de cette attitude conduisant au retrait du comportement ordinaire dans une posture empruntée, qu'accuse à

---

rivaliser avec la raison dans la réalisation d'un maximum, en leur donnant une perfection dont il ne se rencontre point d'exemple dans la nature. » (Kant, 1993, p. 214).

65 Honneth, 2015b, p. 183.

66 *Ibid.*, p. 143.

67 *Ibid.*, p. 144.

l'identique Axel Honneth chez un professeur d'Université qui dénoncerait froidement l'un de ses collègues et ami, à propos duquel il se serait aperçu qu'il avait commis un plagiat[68].

Ce qu'illustrent à chaque fois ces exemples, c'est que l'individu qui choisit de mettre entre parenthèses sa vie au nom de la revendication de la liberté, ignore le fondement social de la liberté. Le choix de la liberté ne saurait être fait par une personnalité juridique, pas plus que par une personne morale, qui n'ont personne à aimer, pas d'enfants dont elles doivent prendre soin, pas de collègues avec qui partager des relations de confiance, ou le sentiment de dignité qu'il y a à travailler. L'attitude de la personne morale, essentiellement déontologique, et l'attitude de la personnalité juridique, essentiellement conséquentialiste, sont ainsi renvoyées dos à dos. L'individu qui se raidit en prenant une décision purement morale, oubli en effet le sens de la justice, qui n'est pas d'être faite, mais, comme le savait déjà Platon, d'être rendue[69]. C'est donc bien dans la disposition à vouloir rendre justice, ce qui implique évidemment de vouloir la rendre à celui-ci, celle-là, ceux-là, ou celles-là, que se fonde la norme de la justice, et non pas dans un essor purement auto législateur de la volonté subjective. Agir pour faire justice recouvre ainsi une forme non pathologique, pour autant que l'intention assume complètement son origine intersubjective. C'est pourquoi, décrivant les errements de la délibération de ce professeur d'université qui doit décider de la meilleure manière de dénoncer le plagiat de son ami et collègue, Axel Honneth précise :

> Ce n'est pas simplement en tant que personne, en tant que n'importe quelle personne, qu'il se soucie du comportement juste ou approprié à adopter dans cette affaire de plagiat, c'est surtout en tant qu'ami et collègue[70].

L'horizon normatif des problématiques morales n'est donc pas un horizon moral mais un horizon social. Les pathologies de la liberté morale reposent sur une contestation plus ou moins aperçue, et donc plus ou moins assumée, de ce droit de la liberté sociale.

68 *Ibid.*, p. 174.

69 Platon, rapportant les propositions de Simonide, indiquait « Que rendre à chacun ce qu'on lui doit est justice », ce qui implique de savoir juger avec circonspection, car il ne s'agit pas « de remettre à quiconque le redemande, n'ayant point sa raison, le dépôt qu'il nous a confié. » (Platon, 1997, p. 863).

70 Honneth, 2015b., p. 175.

S'il est souhaitable que l'intention de rendre justice assume autant que possible son inscription dans le réseau intersubjectif qui l'a fait naître, il faut néanmoins remarquer que cette précaution ne saurait, en même temps, demeurer purement stratégique. L'inscription de nos décisions dans le monde de la vie suppose en ce sens une délibération qui ne peut être purement tactique, et qui n'a d'autre choix qu'être passionnelle. Cela implique que l'errance de la décision dans l'épreuve d'une contingence, d'une contingence non seulement acceptée mais désirée, aimée, soit complètement assumée. C'est pourquoi singer l'attachement à la vie des autres aggrave les choses plus que cela ne les améliore. De sorte que lorsque Ted Kramer lui-même, de la même façon que le spectateur, en viennent, comme l'indique Axel Honneth, à douter de la sincérité des sentiments qui le poussent à prendre soin de son fils, la perception de l'aliénation de la liberté juridique atteint son comble[71]. Comment, en effet, celui qui ne parvient plus lui-même à percevoir dans quelle mesure ce qui motive ses propres décisions et ses actes consiste dans l'amour pour un enfant ou dans le gain d'un litige judiciaire, pourrait-il se sentir libre ?

On voit ici d'ailleurs en quel sens les pathologies de la liberté ne peuvent être dissociées des pathologies de la reconnaissance. L'appel d'individus demandant à être reconnus absolument, et donc exclusivement, comme personnalités juridiques, fait, comme le remarque Honneth, qu'ils « se voient transformés en purs masques de caractère [*Charaktermasken*] du droit[72]. » Il en va de même du côté de la personne morale, dont la perversion du désir de reconnaissance se voit utilement décrite à la page 160 de *Le droit de la liberté* :

> Un sujet qui fait de l'un de ses penchants donnés – un penchant exprimant le mieux l'identité qu'il s'est choisie – la raison de son agir ne pourra en définitive, si des doutes sont jetés sur les obligations concrètes découlant de son choix éthique, que se replier sur une exigence : celle de se voir reconnaître, en dépit de tous ses attachements donnés, l'identité d'un être humain ayant un caractère de fin en soi.

Demander à être reconnu, non pas dans toute la complexité de ce qui nous constitue essentiellement, mais dans la simplicité d'une posture que nous empruntons à un moment donné, cela signifie rester indéterminé.

71 *Ibid.*, p. 144.
72 *Ibid.*, p. 143.

La simplicité de l'identité ainsi mutilée, renvoie alors à la simplicité d'une vie elle aussi amputée d'un « espace de réalisation personnelle individuel[73]. » Ces réductions, qui sont des réductions de ce que nous sommes et de ce que nous vivons, ne sont pas seulement des concessions. Elles nous transforment et transforment notre vie en profondeur. C'est pourquoi la liberté juridique, comme la liberté morale, appellent à être relevées dans un sens social de la liberté.

LA LIBERTÉ SOCIALE

La société réelle est, de droit, à la fois le commencement et la fin des formes morale et juridique de la liberté. Lorsqu'on cherche à rétablir chronologiquement les épisodes de la liberté, on constate en effet tout d'abord que les revendications de la personne morale, comme celles de la personnalité juridique, ne sont possibles qu'à partir de la suspension de leur mode d'existence sociale primordial. De sorte qu'Axel Honneth peut écrire :

> Ce n'est que parce que les sujets ont déjà acquiescé à des obligations d'action quotidiennes, ce n'est, précise-t-il, que parce qu'ils ont déjà noué des liens sociaux, ou que parce qu'ils se retrouvent dans des communautés particulières, qu'ils ont besoin de la liberté juridique ou de la liberté morale pour se détacher des exigences exorbitantes qui leur sont associées, ou les examiner sur le mode réflexif[74].

Mais *in fine*, à l'inverse, les pathologies de la liberté juridique et de la liberté morale, qui affranchissent de façon intempestive et durable l'individu du tissu intersubjectif de son existence ordinaire, commandent de penser « des formes de communication dans lesquelles les sujets peuvent apercevoir dans l'autre une condition de leur propre liberté[75]. » La vie sociale ainsi réussie, devient alors la mesure d'une liberté consciente de soi. Ainsi, alors que les pathologies de la liberté et de la reconnaissance reposaient sur une confusion du possible et de l'effectif, le possible

73 *Ibid.*, p. 134.
74 Honneth, 2015b, p. 194.
75 Honneth, 2008, p. 87.

devenant alors la forme pathologique de l'effectivité, il s'agit désormais de rétablir l'effectivité comme le sol et l'horizon du possible. Il s'agit donc, autrement dit, de replacer la liberté sociale à sa place véritable : comme à la fois le principe réel et la visée idéale de toute autre forme de liberté.

Le passage de l'examen des libertés juridique et morale à l'examen de la liberté sociale exige donc, chez Honneth, de passer de « la possibilité de la liberté » (« *die Möglichkeit der Freiheit*[76] ») à « l'effectivité de la liberté » (« *die Wirklichkeit der Freiheit*[77] »). Ce faisant, Honneth réactualise le sens de la transition qu'avait proposée Hegel en 1820 entre les formes abstraites, autrement dit incomplètes, du droit juridique et de la moralité, à la dimension plus accomplie de l'éthicité (*Sittlichkeit*). Ainsi, la liberté de se rendre propriétaire et d'échanger ses biens, qui demeurait simplement possible pour la personnalité juridique, devenait désormais effective (*wirklich*) pour le bourgeois dans la sphère de la société civile. Ce dernier pouvait donc ainsi mener une vie éthique (*sittliches Leben*) au sein de laquelle, à l'instar de ce que met en œuvre le membre de la famille dans son foyer, ou encore le citoyen dans son État. Le Bien, qui demeurait simplement voulu au niveau de la moralité, devient enfin Bien vivant. Hegel définissait alors de la façon suivant ce passage à l'éthicité :

> L'éthicité (*Die Sittlichkeit*) est l'idée de la liberté en tant que Bien vivant (*als das lebendige Gute*) qui a dans la conscience de soi son savoir, son vouloir et, grâce à l'agir de celle-ci, son effectivité (*durch dessen Handeln seine Wirklichkeit*), de même que la conscience de soi a, à même l'être éthique, son assise qui est en et pour soi et sa fin motrice, et de conclure que – [l'éthicité est] *le concept de la liberté devenu monde présent-là et nature de la conscience de soi*[78].

L'effectivité de la liberté (*die Wirklichkeit der Freiheit*[79]) s'applique ainsi chez Honneth à la liberté sociale (*Soziale Freiheit*[80]), pour autant que ce dernier y reconnaît la même effectivité (*Wirklichkeit*) que celle que reconnaissait Hegel au « concept de la liberté devenu monde présent-là et nature de la conscience de soi », au niveau de l'éthicité.

---

76 A. Honneth, 2011, p. 127-218.

77 *Ibid.*, p. 219-624.

78 Hegel, 2013, § 142, p. 315, Hegel, 2000, § 142, p. 292.

79 Titre de la section C de *Das Recht der Freiheit* (Honneth, 2011).

80 Titre donné par Honneth à la section III, incluse dans la section C (*Die Wirklichkeit der Freiheit*) de *Das Recht der Freiheit* (Honneth, 2011).

S'il en est ainsi, le passage à la liberté sociale ne peut pas simplement signifier ici le fait de rejoindre, de se raccrocher, à une « réalité » sociale vis à vis de laquelle la personne morale, comme la personnalité juridique, avaient pu se désarrimer. Ce qui est à gagner dans la liberté sociale est rationnellement plus riche, c'est-à-dire affectivement, significativement, enfin vitalement plus accompli, que la vie sociale routinière que l'individu avait abandonnée. Ce que l'individu gagne en effet à recouvrer une vie libre au sortir de l'épreuve des mutilations des postures juridiques ou morales, c'est la prise de conscience, le savoir inédit que le sens de la liberté ne saurait être que social. Le sujet véritablement libre chez Honneth rejoint ainsi le sujet hégélien, conscient de sa liberté dans le vif même de sa vie éthique. C'est la raison pour laquelle nous ne suivons pas la traduction française de *Das Recht der Freiheit*, qui propose de traduire « *Die Wirklichkeit der Freiheit* » par « La réalité de la liberté[81] ». Nous estimons en effet que le choix du terme *Wirklichteit*, plutôt que celui de *Realität*, n'est pas un choix anodin de la part d'Axel Honneth. Il est probable, en effet, que ce dernier cherche ici à assumer le sens hégélien d'un état de choses qui n'indique pas ce qui est immédiatement là, mais le processus essentiel qui conduit ces choses à devenir tout ce qu'elles doivent être, ainsi que le savoir de ce processus[82]. La liberté sociale reçoit ainsi une efficacité normative chez Honneth au sens où elle oriente le passage d'« une pratique de vie sociale », préexistante au traitement parasitaire que lui font subir les libertés juridique et morale à une « "effectivité" (*Wirklichkeit*) de la liberté qui n'est en revanche donnée que là où les sujets se rencontrent dans une reconnaissance mutuelle[83] ».

La liberté sociale peut donc ici être comprise comme l'identité vitale devenue du savoir et de la vie, appelée par la vulnérabilité d'une vie routinière dont tout savoir semble exclu, et d'une vie de savoir, vie juridique ou vie morale, qui ne sont pas des vies. Que peut-on imaginer, en effet, de plus efficace que la répétition routinière des injustices pour nous habituer à l'injustice ? Cela fait le caractère des indolents ou des indécis qui, inconscients des crises qui font vaciller le monde autour d'eux, leur monde, remettent au lendemain toute velléité d'indignation.

81 Honneth 2015b, p. 191.

82 Alors que *le réel* appartient à la logique de ce qui apparaît immédiatement là, ce qui, en régime phénoménologique, « apparaît ici et maintenant », *l'effectif* appartient au contraire, selon Hegel, à la pensée comprise « dans sa *réflexion* et *médiation*. » (Hegel, 1986, p. 345).

83 Honneth, 2015b, p. 194.

Honneth remarque ainsi que « de façon tout à fait étrange, ces individus ne souffrent en rien d'une incapacité à développer des attachements, ni ne souffrent d'une crise existentielle, mais seulement d'une tendance allègre, souvent empreinte d'auto-dérision, à remettre au lendemain toute décision d'une importance majeure[84]. »

Cette attitude, qui consiste à se reposer sur la garantie de sécurité et de liberté juridiques pour prétexter un « ajournement continuel d'engagements à agir[85] » ne s'offre d'ailleurs pas seulement à la critique d'Axel Honneth. Dans le contexte de la philosophie contemporaine, Iris Marion Young avait déjà regretté qu'une pensée paresseuse conduise aujourd'hui beaucoup d'individus à refuser d'assumer leurs responsabilités propres. Selon cette dernière nous demeurons beaucoup trop facilement disposés en effet à remettre entre les mains de l'État la responsabilité de la « gestion » d'injustices que nous pourrions pourtant contribuer à réduire. Ainsi, par exemple, s'il va sans dire que je ne suis pas coupable d'exploiter des ouvriers du textile dans des *sweatshops*[86] lorsque j'achète une veste à un prix défiant toute concurrence, il reste cependant que mon acte d'achat n'est pas tout à fait étranger au fait de cette injustice. La question de ma responsabilité, alors même que celle de ma culpabilité semble écartée, semble en tout cas, selon Iris Marion Young, devoir se poser à moi ; elle ne saurait, en tout cas, être reportée à la charge de l'État.

> Typiquement, écrit-elle en effet, lorsque des gens jugent que l'injustice existe mais déclarent que ce n'est pas leur boulot de la rectifier, ils ne doivent pas penser que ce n'est le boulot de personne. Au lieu de cela, ils pensent que c'est le boulot du gouvernement et qu'ils peuvent continuer à faire ce qu'ils font pendant que le gouvernement fait son boulot de promotion de la justice et du bien-être[87].

L'appel à relever l'indécision, lancé par Honneth, l'appel à relever le rejet de nos responsabilités chez Young, peuvent être enfin compris selon une logique identique à celle qui conduisit Stéphane Hessel à prononcer

84 *Ibid.*, p. 146.

85 *Ibid.* p. 139.

86 On désigne aujourd'hui sous ce vocable des usines, essentiellement situées dans les pays du Sud ou de l'Asie, qui imposent des conditions de travail et de vie indignes à leurs ouvriers, souvent au service des grandes marques internationales de prêt à porter.

87 Young, 2013, p. 168-169.

une éthique de l'indignation. Dénonçant l'indifférence comme « la pire des attitudes[88] », cet ancien résistant avait ainsi publié sa confiance en l'esprit de rébellion de la jeune génération, créant ainsi, du moins en France, une vive émotion. Hessel s'était adressé aux jeunes en ces termes :

> Regardez autour de vous, vous y trouverez les thèmes qui justifient votre indignation – le traitement fait aux immigrés, aux sans-papiers, aux Roms. Vous trouverez des situations concrètes qui vous amènent à donner cours à une action citoyenne forte. Cherchez et vous trouverez[89] !

Axel Honneth développe ainsi, quoique de façon peut-être plus implicite que ne le firent Iris Marion Young ou Stéphane Hessel, ce en dépit même, du moins nous semble-t-il, de la force contestataire des exemples développés dans la section C de *Le droit de la liberté*[90], la thèse d'une responsabilité sociale, susceptible d'accorder à la liberté une valeur normative ignorée de la morale comme du droit juridique. Les exemples que Honneth développe au fil de ces page illustrent ainsi bien en quoi l'affectation de tâches intrafamiliales méprisantes pour les femmes, par exemple, comme l'aspect disproportionné des associations de consommateurs vis à vis des lobbys des firmes de production et de distribution, appellent au réveil de notre critique, ainsi qu'à la revendication d'un espace public véritablement démocratique.

Alors même que la responsabilité morale ne peut se défaire de la question de la faute[91], alors que la responsabilité juridique pose nécessairement la question de la culpabilité, la liberté sociale propose en effet de penser une responsabilité émancipée des catégories de faute et de culpabilité. La liberté sociale suggère en effet d'en appeler à notre responsabilité plutôt que de désigner en nous des coupables. Ce qui, dans l'esprit comme dans la démarche elle-même, change tout. Désigner des coupables, en effet, c'est inviter les individus à un repli honteux et craintif sur eux-mêmes. La logique de la punition encourage ainsi à « une sorte d'affaiblissement du sentiment que l'individu a de sa propre valeur : éprouvant le contrecoup de son acte, il a honte de lui-même, parce qu'il

88 Hessel, 2011, p. 14

89 *Ibid.*, p. 16.

90 Honneth, 2015b, p. 191-513., Honneth, 2011, p. 219-624.

91 Hegel avait pu ainsi montrer que la responsabilité morale était corrélative de ce que se propose la volonté subjective au moment où elle extériorise dans l'action des intentions méritantes ou blâmables. *Cf.* Hegel, 2013, p. 259 *sq.*

découvre qu'il ne possède pas la valeur sociale qu'il s'attribuait jusque-là[92]. » Désigner des coupables, cela signifie donc obliger les individus à se rendre responsables de leur passé, passé qu'on les invite ainsi à regarder en face, à prendre en considération. Cela implique donc qu'on leur indique par là qu'ils sont nécessairement attachés à des actes injustes qu'ils ne peuvent désormais ni reprendre ni purement et simplement racheter. Honneth assume d'ailleurs sur ce point la critique historique selon laquelle Michel Foucault repérait dans la « douceur carcérale », comme dans le système des normes, une métaphore moderne des châtiments corporels anciens[93].

Il montre cependant en même temps que l'exercice du pouvoir de l'État en la matière va bien au-delà de la seule déclaration de ses intentions juridiques. À la page 470 de *Le droit de la liberté*, on peut ainsi lire :

> Que l'on oublie, dans l'enquête historique, le fondement d'un tel concept d'État de droit, comme par exemple Foucault dans sa théorie du pouvoir, ou comme le fait une certaine historiographie « réaliste », et alors non seulement les « sélectivités » mais aussi les activités violentes extrajuridiques de l'État moderne ne peuvent apparaître que comme des mises en pratique parfaitement normales du pouvoir étatique[94].

À l'inverse de désigner des coupables, désigner des responsables signifie au contraire qu'on déclare non une défiance mais une confiance en la capacité des individus à savoir, à prendre conscience des injustices. Honneth ne contesterait en ce sens assurément pas le propos d'Iris Marion Young lorsqu'elle choisit de publier explicitement sa préférence en faveur de cette dernière logique normative au détriment de la première, la jugeant plus efficace à relever les injustices. Cette dernière déclarait ainsi :

> Je voudrais souligner qu'une réponse idoine et rigoureuse à ces questions [aux questions des injustices subies] exigent de développer une conception de la responsabilité qui refuse le blâme, la faute, ou encore la culpabilité comme moyen privilégié d'assigner la responsabilité[95].

L'intérêt d'une pareille suggestion consiste à nous inviter à penser une responsabilité sociale comme horizon normatif subjectif éloquent

92 Honneth, 2000b, p. 168.
93 *Cf.* Foucault, 1975.
94 Voir sur ce point, Honneth, 1989.
95 Young, 2013, p. 40.

de la liberté sociale. Iris Marion Young nous présente en effet des exemples, à l'instar des situations conflictuelles que l'on retrouve chez Axel Honneth, où les individus sont appelés à prendre conscience que le sens de la liberté ne se limite pas à la représentation strictement intimiste qu'ils peuvent se faire de ce qui est juste. Ce que suggère d'ailleurs Young, de la même façon que Honneth, c'est que la perception de ce qui est juste ne soit pas plus orientée à partir d'un principe universel, à la manière de ce que l'on pouvait rencontrer dans une métaphysique des mœurs. L'intention portée par la suggestion d'une responsabilité sociale qui n'est, précisément, ni une responsabilité personnelle ni une responsabilité universelle, tiendrait à la volonté de montrer que la question de la justice et de la liberté relèvent d'une connexion sociale élargie qui devrait impliquer une culture, chez tout un chacun, du sens de la coopération. La responsabilité sociale apparaît, de ce point de vue, comme le complément subjectif nécessaire de ce que signifie, ou plutôt de ce que devrait signifier objectivement la liberté sociale comme vie sociale réussie.

En pensant la liberté sociale comme liberté effective, Axel Honneth affirme ainsi l'identité normative de ces deux principes subjectif et objectif de la liberté. De fait, répondre à l'appel de l'effectivité recouvre en effet pour l'individu une signification idéale et une signification empirique. D'un côté en effet, l'individu qui s'est abstrait, éloigné, de sa vie sociale pour adopter des postures strictement juridiques ou strictement morales, ne devrait idéalement pas ignorer que la liberté commande d'être pratiquée selon l'épreuve contingente du monde de sa vie. De sorte que l'effectivité de la liberté prend ici la forme d'un idéal éthique qui consiste à poser le monde de la vie comme principe de la liberté. D'un autre côté cependant, ce savoir ne saurait être un simple savoir, saisi par un esprit contemplatif. Si tel était le cas, Honneth se ferait d'ailleurs de façon incompréhensible lui-même ouvrier de ce qu'il ne cesse de dénoncer : une perspective épistémique déliée des problèmes pratiques. C'est pourquoi, dans la logique de cet appel de l'effectivité, le savoir n'est lui-même qu'un moyen terme entre deux termes extrêmes de la vie : d'une vie d'abord traumatisée ou mutilée, qui demande enfin d'elle-même à être relevée dans une autre vie, une vie juste et libre. La question philosophique, disons traditionnelle, de la normativité, sans nul doute fondamentale dans la pensée d'Axel Honneth, demeurerait ainsi à notre sens incompréhensible, si nous la traitions à part, comme *a fortiori* dans l'oubli, de la question philosophique soulevée par la vie d'individus souffrant, au jour le jour, d'un déni de liberté et de reconnaissance.

Voilà pourquoi il nous semble indispensable, avant d'interroger précisément la question de la normativité, source, selon nous, d'un optimisme social sans doute porté par Honneth, de considérer la façon dont ce dernier s'attache à penser les traumatismes réels d'individus souffrant dans leurs vies sociales respectives. La preuve du sens social de la liberté commande en ce sens, comme nous le suggérions dans notre propos introductif, que le philosophe social se fasse essentiellement médecin et médecin capable d'identifier des symptômes, de poser des diagnostics, afin de prodiguer les soins adaptés. Ainsi la philosophie sociale d'Axel Honneth est-elle sans doute essentiellement socio-iatrie.

LA PROPOSITION D'UNE SOCIO-IATRIE

> Jamais, depuis sa jeunesse, il ne s'était senti à ce point solitaire (...). Jusqu'à présent, il s'était toujours occupé de quelque chose, d'autre chose que de lui-même ; le travail, les soucis ne lui avaient pas manqué. Qu'il s'agît d'argent, de promotion administrative, de la paix du ménage, des difficultés scolaires ou des maladies d'enfant, chacune de ces circonstances l'avait confronté aux devoirs sacrés du bourgeois, de l'époux et du père, et il avait vécu sous l'égide et dans l'ombre de ces principes ; il leur avait tout sacrifié et sa vie en avait tiré son sens et sa dignité. À présent, il se voyait tout à coup suspendu dans l'espace cosmique, nu et solitaire parmi les astres, environné d'un air froid et raréfié[1].

DE LA SOCIOLOGIE À LA SOCIO-IATRIE

Honneth ne s'arrête pas plus à constater qu'il ne s'isole pour réfléchir. De sorte que les pathologies du lien social commandent, pour celui qui veut bien les penser, une approche clinique aussi bien que théorique. La réactualisation du concept de réification (*Verdinglichung*), qu'il opère en 2005[2], reste de ce point de vue exemplaire. Alors que ce concept conservait encore chez Georg Lukács la charge exclusivement théorique portée par son contexte originaire (celle que l'on peut lire au

1 Herman Hesse, *Le Dernier Été de Klingsor* (Hesse, 2002, p. 666).
2 Honneth, 2005.

chapitre premier du livre I du *Capital*, dans lequel Marx avait démontré le caractère fétiche de la marchandise[3]) Honneth refuse en effet de reconnaître la réification comme une simple catégorie, fût-elle erronée, et préfère la diagnostiquer comme une « posture » (*Haltung*) qu'il faut tenter de soigner[4].

Ainsi, le caractère spéculatif d'une réification entendue à la fois sous l'aspect d'un processus ontologique qui « fait qu'un rapport, une relation entre personnes prend le caractère d'une chose[5] » et sous l'aspect épistémique de l'intelligence des « problèmes fondamentaux qui résultent du caractère fétichiste de la marchandise » (*ibid.*) ainsi que de l'évaluation morale qui en découle[6], se trouve ici orienté dans le sens d'une considération thérapeutique. C'est pourquoi « la manière idéaliste traditionnelle, (qui) conçoit l'objectivité comme dérivée de l'activité générique[7] » que Honneth repère avec regret chez Lukács, se trouve désormais observée à la manière dont un muscle, un tissu vivant, ou un organe ayant pathologiquement diminué de volume, ou s'étant anormalement tourné d'un seul côté, pourrait commander la consultation d'un médecin. Honneth fait ainsi du concept de « réification », « le signe de l'atrophie et de la distorsion d'une pratique originaire dans laquelle l'homme entretient une relation engagée (*ein anteilnehmendes Verhältnis*) par rapport à soi et par rapport au monde. » (*ibid.*). Ajoutons enfin que ces signes organiques et physiologiques se voient complétés par les signes psychologiques d'une amnésie qui autorisent Honneth à définir la réification comme un « oubli de reconnaissance », plus précisément comme « le processus par lequel, dans notre savoir sur les autres hommes et la connaissance que nous en avons, la conscience se perd de tout ce qui résulte de la participation engagée et de la reconnaissance[8]. »

En articulant les symptômes physiques de l'atrophie et de la distorsion aux symptômes psychiques d'une amnésie à la limite de la

3 « L'attention sera seulement attirée, indiquait ainsi Lukács – en *présupposant* les analyses économiques de Marx – sur les problèmes fondamentaux qui résultent du caractère fétichiste de la marchandise comme forme d'objectivité, d'une part, et du comportement du sujet qui lui est coordonné, d'autre part ». (Lukács, 1960, p. 110).

4 *Cf.* Honneth, 2007b, p. 27.

5 Lukács, 1960, p. 110.

6 L'étude du phénomène de la réification nous autorise ainsi, selon Lukacs, à posséder « une vue claire des problèmes idéologiques du capitalisme et de son déclin. » (*ibid.*).

7 Honneth, 2007b, p. 31.

8 *Ibid.*, p. 78.

psychose, Axel Honneth ne nous propose pas simplement une théorie de l'aliénation. Il invente en même temps une connaissance traumatique et un art du soin de la société moderne, qui font de lui un pionnier d'une socio-iatrie, c'est-à-dire un pionnier d'une véritable médecine de la société. On doit cependant s'interdire d'employer l'article défini, qui consacrerait Honneth comme le pionnier de cette pratique, tant sa démarche rappelle à plusieurs égards la méthode exposée par Émile Durkheim en 1895. Ce dernier, qui avouait chercher à « revendiquer les droits de la raison sans retomber dans l'idéologie[9] » se proposait bel et bien de relever les défauts d'une attitude purement spéculative dans le secours d'une nécessaire inspection clinique. Durkheim écrivait alors :

> En effet, pour les sociétés comme pour les individus, la santé est bonne et désirable, la maladie, au contraire, est la chose mauvaise qui doit être évitée. Si donc nous trouvons un critère objectif, inhérent aux faits eux-mêmes, qui nous permette de distinguer scientifiquement la santé et la maladie dans les divers ordres de phénomènes sociaux, la science sera en état d'éclairer la pratique tout en restant fidèle à sa propre méthode. (...) La science, il est vrai, ne peut descendre dans les faits que par l'intermédiaire de l'art, mais l'art n'est que le prolongement de la science[10].

Dans la tradition de cette méthode sociologique qui considère, à l'instar de ce qu'avait inauguré son précurseur, que le phénomène de l'exclusion sociale procède d'une atonie des institutions qui ne jouent plus, ou plus suffisamment, leur rôle d'intégration[11], les dysfonctionnements de notre société moderne apparaissent ainsi comme des pathologies que le sociologue, à force de diagnostic et de thérapie adaptée, devrait finir par soigner. Les analyses du sociologue français Robert Castel, analyses que connaissait Axel Honneth, s'inscrivaient tout à fait dans cette logique. Castel distinguait en effet, au sein de la société salariale, trois « zones de cohésion sociale » : la zone d'intégration, zone vertueuse d'intégration professionnelle et de relations intersubjectives denses ; la zone de vulnérabilité, frappée par le sous-emploi et la précarité ; enfin

9 Durkheim, 1967, p. 49.

10 *Ibid.*

11 En son temps, Durkheim songeait notamment à l'incapacité de l'Église et de la famille à jouer pleinement leur rôle traditionnel d'intégration des individus dans la grande société ; Église et famille tendant à être de plus en plus remplacées, pour jouer ce rôle, par l'école républicaine, l'État, ou les institutions de la société civile, susceptibles de réunir des individus dans l'organisation du travail.

la zone de désaffiliation, minée par « l'absence de participation à toute activité productive et (par) l'isolement relationnel[12] ». À partir de là, Castel avait analysé avec lucidité la façon dont les processus gangréneux du chômage, de la précarité, du sous-emploi, autrement dit du temps partiel contraint, ont aujourd'hui absorbé de plus en plus d'individus dans « la zone de désaffiliation », non seulement des individus appartenant à la « zone de vulnérabilité », mais également des individus plus « stables », issus de la « zone d'intégration[13] ». Robert Castel a pu ainsi démontrer que des catégories élargies et plus nombreuses d'actifs se trouvaient affectées par le traumatisme de l'exclusion sociale.

Alors que la vocation médicale de la sociologie durkheimienne paraît donc difficilement contestable, Honneth semble pourtant lui reprocher de vouloir traiter la maladie tout en vivant dans l'illusion de soigner les malades. Ce qui constitue manifestement pour sa part un scrupule suffisant pour choisir de ne pas inscrire ce que nous appelons volontiers ici sa socio-atrie dans la logique de la sociologie durkheimienne.

Tout se passe en effet comme si, aux yeux de Honneth, la tradition durkheimienne maintenait les traumatismes sociaux à un niveau symbolique, et donc allégorique, tout en pensant traiter les faits sociaux eux-mêmes. En dépit même de l'attention que Robert Castel ou Claude Dubar ont su accorder aux individus exclus, l'aspect singulier de leur souffrance ne transparaît en effet chez eux que pour autant que cette souffrance se traduit au niveau des catégories qui les représentent. C'est ainsi la crise des institutions d'intégration chez Claude Dubar, la désaffiliation chez Robert Castel, qui font souffrir, non pas tel ou tel pauvre, ou tel ou tel travailleur « stable », mais les « vulnérables » ou les « intégrés ». Ces catégories sociales tombent ainsi malade comme les individus qu'elles représentent symboliquement tombent effectivement malade. Cependant la « zone de vulnérabilité » n'est pas plus vulnérable que la société elle-même peut tomber malade. Le rapport reste analogique et donc purement allégorique. C'est pourquoi Axel Honneth avoue partager le même scepticisme que Lévi-Strauss lorsque ce dernier disait ne pas comprendre ce que Durkheim entendait

12 Castel, 1995, p. 13.

13 Castel souligne ainsi : « le problème actuel n'est donc pas seulement celui que pose la constitution d'une "périphérie précaire", mais aussi celui de la "déstabilisation des stables". Le processus de précarisation traverse certaines des zones anciennement stabilisées de l'emploi. Remontée de cette vulnérabilité de masse, dont on a vu qu'elle avait été lentement conjurée. » (*ibid.*, p. 409).

en évoquant des « états affectifs collectifs » alors qu'il ne faisait qu'évoquer des symboles[14]. Honneth reproche ainsi à cette tradition d'avoir confondu l'ordre de l'urgence symbolique et celui de l'urgence factuelle dans leur approche thérapeutique de la société. Il nous explique ainsi que « les actes symboliques que Durkheim essaie d'expliquer sur un plan sociologique ne peuvent pas être ramenés à des états de fait sociaux, parce que ce sont justement eux qui produisent le social en premier lieu[15]. »

Toutefois, si Lévi-Strauss inspire la critique que Honneth peut produire à l'encontre de la sociologie durkheimienne, cela n'implique pas pour autant qu'Axel Honneth adopte une approche structuraliste de la société. Le diagnostic et la thérapie des pathologies du lien social ne débouchent pas en effet, chez le philosophe de Francfort, sur une analyse des faillites de signification au sein de la communication intersubjective. Honneth s'écarte ainsi aussi bien de Claude Lévi-Strauss que de Jacques Lacan auquel il reproche d'ailleurs « une approche négativiste de l'intersubjectivité » repérée aussi bien chez Sartre que chez Jean-François Lyotard[16]. La psychanalyse lacanienne n'est d'ailleurs pas seulement contestée au titre d'expression sceptique et pessimiste de ce qu'avait voulu montrer Habermas[17]. Lacan reste, plus ou moins implicitement chez Honneth, celui qui, dans le virage de l'année 1953-1954, a fait

14 Dans *La pensée sauvage* Lévi-Strauss explique ainsi que, selon lui, Durkheim inverse l'ordre de l'effet et de la cause en pensant le « système catégoriel » comme un principe, et les relations humaines comme un fait second : « C'est donc en vertu d'une détermination extrinsèque qu'un certain niveau de classification requiert des appellations qui peuvent être, selon le cas, des noms communs ou des noms propres. Mais nous ne rejoignons pas pour autant la thèse durkheimienne de l'origine sociale de la pensée logique. Bien qu'il existe indubitablement un rapport dialectique entre la structure sociale et le système des catégories, le second n'est pas un effet, ou un résultat du premier : ils traduisent l'un et l'autre, au prix de laborieux ajustements réciproques, certaines modalités historiques et locales des rapports entre l'homme et le monde, qui forment leur commun substrat. » (Lévi-Strauss, 2020, p. 257).

15 Honneth, 2013a, p. 160-161.

16 Honneth refuse sans doute en même temps chez Lacan ce style sceptique, pessimiste, et à vrai dire, avoue-t-il, très français, de la théorie de la reconnaissance qui caractérise selon lui « les tentatives postructuralistes pour relever, derrière le masque de la communication intersubjective, un processus de pseudo-communication entre des sujets narcissiquement ou égoïstement tournés vers eux-mêmes. » (*ibid.*, p. 132).

17 L'optimisme normatif de la théorie de la société proposée par Habermas se voit ainsi souligné de la façon suivante : « Dans cette approche, la reproduction, la reproduction sociale s'effectue toujours à travers des processus d'interaction qui doivent objectivement viser l'absence de domination, dans la mesure où ils dépendent du médium non coercitif de l'entente langagière. » (Honneth, 2013b, p. 218).

le mauvais choix en abandonnant l'hégélianisme, certes sous sa forme « kojèvisée », pour choisir le structuralisme.

À la différence de ce que propose le structuralisme, Honneth ne veut donc pas plus soigner les troubles communicationnels repérés à partir du langage ou conçus sur son modèle, qu'il ne veut analyser, à la manière de la tradition durkheimienne, la symbolique des faits sociaux. Dans le contexte des tentatives contemporaines pour tenter de soigner notre corps social malade, la démarche d'Axel Honneth conserve donc son originalité indéniable. Sa démarche, qui inspire aujourd'hui des penseurs comme Judith Butler aux États Unis d'Amérique, ou encore de plus jeunes philosophes, tels Franck Fischbach, Stéphane Haber, Guillaume Leblanc, ou Emmanuel Renault en France, repose sur une approche et un art du soin des pathologies de la liberté chez des individus qui souffrent, dans leurs vies sociales singulières, de ne pas être reconnus. Telle est la façon dont nous pourrions définir cette socio-iatrie qui, dans la méthode théorique aussi bien que pratique, et donc même praticienne lorsqu'on assume son trait médical, commande trois opérations : la définition d'une anatomie du corps social, une symptomatologie du corps en crise, un soin de la *psychè*.

UNE ANATOMIE DU CORPS SOCIAL HÉRITÉE DE LA PHILOSOPHIE DU DROIT DE HEGEL

Toute médecine commande une partie théorique. C'est cette partie théorique que nous reconnaissons ici sous la forme d'une anatomie du corps social. Il s'agit en effet tout d'abord d'étudier la structure, les propriétés, et les capacités de ce corps vivant qu'est la société, avant de pouvoir diagnostiquer ses troubles et le soigner.

Le schéma suivant lequel Axel Honneth choisit de penser cette anatomie sociale est directement emprunté à ce que Hegel nommait « *Sittlichkeit* ». Par ce concept, qu'au passage il est préférable de traduire en langue française par « éthicité » plutôt que par « moralité objective[18] »,

---

18 On pourrait certes considérer que l'expression « moralité objective » rend bien compte de la façon dont la source subjective de la moralité (la conscience de soi individuelle et

Hegel désignait en 1820 la façon dont le Bien simplement voulu, au niveau de la moralité, par les sujets que nous sommes, se voyait désormais effectué comme « Bien vivant » au niveau de l'éthicité[19]. Ainsi, dans une expérience commune de ce « Bien vivant » au cœur de leur vie sociale, et au fil du progrès de cette vie vers une pratique de la liberté dont le sens et la réalisation s'enrichissent, les individus peuvent-ils vérifier l'effectivité d'une liberté dont ils jouissent au jour le jour à la manière d'une « seconde nature ». On peut ainsi lire, au paragraphe 142 des *Principes de la philosophie du droit* :

> L'éthicité est l'*idée de la liberté* en tant que Bien vivant qui a dans la conscience de soi son savoir, son vouloir et, grâce à l'agir de celle-ci, son effectivité, de même que la conscience de soi a, à même l'être éthique, son assise qui est en soi et pour soi sa fin motrice, – [l'éthicité est] le *concept de la liberté devenu monde présent-là et nature de la conscience de soi*[20].

On ne peut douter que ce corps qui affirme par et dans sa structure même son droit à la vie, en s'instituant et en progressant comme condition toujours plus accomplie de la liberté, avait tout pour séduire un philosophe né à Essen en 1949. Dans le contexte qui était celui de l'Allemagne de l'après-guerre, la force du « droit strict », autrement dit du droit dans son aspect strictement juridique, qui avait inspiré à Carl Schmitt un concept politique de la loi, et dont il avait cherché la réalisation dans la constitution du troisième *Reich*[21], n'inspirait plus

---

l'action morale comprise comme l'extériorisation individuelle de l'intention portée par la conscience) peut bien s'objectiver dans les instituions sociales que sont la famille, la société civile, et l'État. Cependant cette manière de traduire ne nous autorise en rien à comprendre en quel sens Hegel voyait dans cette objectivation un gain de rationalité, autrement dit un degré supérieur, par rapport à la moralité (subjective) dans le processus d'effectuation de la liberté. C'est pourquoi il reste préférable de choisir le terme original d'*éthicité*, à condition toutefois de ne pas le confondre avec l'*éthique*, pour traduire le mot allemand *Sittlichkeit*. Nous suivons, en cela, la traduction proposée par Jean-François Kervégan (*Cf.* Hegel, 2013).

19 Voir l'explication que nous avons pu proposer de ce concept in Éric Bories, *Hegel, philosophie du droit* (Bories, 2012, p. 52-54, et p. 100-102).

20 Hegel, 2013, p. 315.

21 Carl Schmitt, théoricien du droit, s'engagea en 1933 dans le parti nazi, persuadé qu'une constitution puissante était seule propre à restaurer la dignité d'une Allemagne injustement humiliée et affaiblie depuis la signature du traité de Versailles. Ce dernier définissait alors le concept politique de la loi comme le corrélat « de la forme politique d'existence de l'État et du mode de structuration de l'appareil de domination. » (Schmitt, 1992, p. 284).

en effet que le désespoir. Quant à la moralité, au sens où Kant l'avait imaginée au niveau de la conscience morale, moralité que Hegel assumait d'ailleurs totalement en 1820, en la complétant simplement de la dimension de l'« action morale » (*die Handlung*) et en appelant à la nécessaire vérification de son Bien à l'épreuve de la vie éthique[22], aucun Allemand, qui se réveillait alors perdu et abasourdi au cœur des ruines du nazisme, ne pouvait plus y croire, ni d'ailleurs n'avait envie d'y croire. Dans ce contexte, la moralité ne pouvait plus alors signifier que deux choses : soit le dogmatisme idéologique porté depuis le début des années 1930 par des individus fanatisés qui avaient conduit un peuple à la destruction physique et mentale ; soit, pour les vivants qui avaient réchappés de ce mal absolu, l'instrument par lequel les vainqueurs se plaisaient désormais à cultiver chez le peuple allemand, le sentiment de culpabilité et de faute morale.

On comprend alors que la défiance de Honneth envers ce qui constituait chez Hegel les deux premières parties de sa philosophie du droit de 1820 – « le droit abstrait » et « La moralité » – ait pu, à l'inverse, attiser tout son intérêt quant à ce qui constituait la troisième partie de cette œuvre : « L'éthicité[23] ». Ainsi, Axel Honneth a pu sans doute goûter tout l'intérêt que constitue pour la philosophie sociale et la philosophie de la reconnaissance, l'idée d'un corps social dont la vie se voit ici garantie par l'activité fluide de ses membres dont, au titre de substance organique, il garantit réciproquement la liberté. Il définit ainsi la valeur de l'éthicité :

---

22 L'abstraction de la moralité, qui fonde la critique hégélienne de la philosophie pratique de Kant, repose ainsi, non pas sur l'idée que Kant se serait trompé, mais sur le reproche, formulé par Hegel, de n'être pas allé assez loin. Alors que Kant s'arrête à la perspective intimiste de la conscience morale, il faut ainsi, selon Hegel, réparer cette incomplétude. Ce que ce dernier opère à deux niveaux : tout d'abord au niveau de la *Moralité* elle-même où la conscience morale effectue son droit dans l'« action morale » (Hegel, 2013, § 113), au niveau, ensuite, de l'*éthicité*, où le « Bien voulu » pourra s'effectuer comme « Bien vivant ». L'intention de la longue Remarque du § 140 des *Principes de la philosophie du droit* consiste d'ailleurs à dénoncer cette incomplétude de la moralité kantienne, autrement dit son abstraction.

23 Alors que Honneth s'est intéressé très tôt, dès ses premières publications, au sens de la vie éthique tel que le pensait le jeune Hegel durant ce qu'il est convenu d'appeler la période d'Iéna (1801-1807), il faut attendre la publication de *Leiden an Unbestimmtheit* en 2001 chez Reclam (littéralement : « Souffrance d'être indéterminé », traduit par Franck Fischbach en 2008 sous le titre « Les pathologies de la liberté »), pour découvrir un Honneth lecteur du texte de maturité que nous traduisons conventionnellement en Français par « *Principes de la philosophie du droit* » (le titre original étant : *Grundlinien der Philosophie des Rechts*).

> Si la réalisation de la liberté individuelle est liée à la condition de l'interaction parce que les sujets ne peuvent s'expérimenter eux-mêmes comme libres dans leurs limites que face à un partenaire humain, alors il faut que vaille pour l'ensemble de la sphère de l'éthicité le principe selon lequel elle doit consister en des pratiques de commerce intersubjectif[24].

Et Honneth de préciser :

> Les conditions de l'autoréalisation individuelle, que cette sphère doit procurer pour permettre d'échapper à la souffrance liée au fait d'être indéterminé, doivent d'une façon ou d'une autre être composées de formes de communication dans lesquelles les sujets peuvent réciproquement apercevoir dans l'autre une condition de leur propre liberté[25].

Si le schéma de l'éthicité a inspiré la représentation que Honneth propose de l'anatomie du corps de la société moderne, c'est donc bien pour les raisons historiques et épistémologiques que nous venons d'indiquer. C'est parce que d'une part, les réflexions qu'avaient conduites Hegel au début du XIXe siècle pour faire en sorte que la substance éthico-politique soit une condition et non une contention de la liberté individuelle, faisaient idéalement écho à l'inscription moderne d'une pensée désabusée et défiante quant à la puissance de l'État comme envers les impératifs de la morale. C'est parce que d'autre part, Honneth avait repéré avec bonheur que la philosophie du droit de Hegel, loin de se présenter sous la forme d'une morale ou d'une théorie juridique de la souveraineté, dessinait, selon une audace alors inédite, les linéaments[26] d'une véritable philosophie sociale.

Pourtant tout ne s'arrête pas là, et le double intérêt historique et épistémologique que Honneth reconnaît volontiers chez Hegel se voit augmenté d'un intérêt tiers, de nature méthodologique cette fois. Le schéma de l'éthicité présente en effet l'avantage incontestable de pouvoir concilier une approche à la fois fonctionnaliste et une approche normative du corps social. Ainsi, après avoir cité le § 4 des *Principes* (« Le sol du droit est [...] la volonté, qui est libre, de telle sorte que [...] le système du droit est le royaume de la liberté réalisée », Honneth commente :

24 Honneth, 2008, p. 87.

25 *Ibid.*

26 Le terme « linéaments » correspondrait d'ailleurs à la traduction précise du mot allemand *Grundlinien* qui compose le titre de l'œuvre de 1820 : *Grundlinien der Philosophie des Rechts*.

> Par cette formule, Hegel annonce certes déjà que son ambition ne se bornera pas à caractériser le droit comme une institution destinée à préserver, garantir et protéger la liberté individuelle : le système du droit vise plutôt à créer un « royaume » dans lequel pourra se réaliser la nouvelle liberté de l'individu, et qui doit donc manifestement contenir certaines déterminations ou éléments qui fourniront les objectifs de cette libre réalisation de soi[27].

Certes donc, Honneth s'avoue tout d'abord sensible au fait comme à la manière dont Hegel considère les conditions institutionnelles qui président au fonctionnement du corps social, et qui visent à « préserver, garantir, et protéger » sa propre intégrité comme l'intégrité de ses membres de « la liberté individuelle ». De cette façon en effet la vie sociale peut recevoir ses conditions structurelles. Cela est une bonne chose, et ce en dépit même des réserves que continue à nourrir Honneth. Il juge en effet que les conditions structurelles de la vie éthique ne prévoient pas suffisamment, dans le système hégélien, les capacités de cette structure à s'adapter à la continuité des crises qui surgissent au sein de l'interaction entre les individus et leurs milieux. Ce qui justifiera qu'on puisse éprouver le besoin de compléter l'institutionnalisme hégélien en ayant recours au darwinisme social de Mead[28]. Mais en même temps ce fonctionnalisme social s'accompagne heureusement d'une normativité, celle de l'« esprit objectif » dont l'éthicité constitue le cœur chez Hegel, qui consiste à garantir que la vie sociale des individus, dans leurs sphères sociales spécifiques, s'accompagne pour eux de la conscience de leurs droits attachés à ces mêmes sphères sociales.

À l'instar de ce qui se passe chez Hegel, les différentes sphères sociales chez Honneth s'articulent organiquement selon un double principe, fonctionnaliste et normatif, qui structure la société en fonction de droits à la reconnaissance spécifiques[29]. Ce dernier reprend la tripartition exposée par

27 Honneth, 2013a, p. 111.

28 « Pour retrouver la perspective à partir de laquelle l'acteur parvient à la conscience de sa subjectivité, la psychologie doit plutôt se tourner vers un type d'action dans lequel le sujet se trouve fonctionnellement contraint, au moment de la perturbation, de réfléchir à sa propre attitude subjective. Ce type d'action (...) Mead le découvre lorsqu'il commence à étendre au plan social le modèle darwinien de l'organisme interagissant avec son milieu... » (Honneth, 2000b, p. 89).

29 La référence bibliographique idoine, qui nous autorise à apprécier la proximité entre le droit hégélien de 1820 et la philosophie de la reconnaissance de Honneth, reste *Les pathologies de la liberté.* Notons en même temps que la clarté et la concision de l'explication que nous offre Honneth, en songeant certes encore au jeune Hegel, dans l'article paru en

le professeur berlinois[30] lorsqu'il distinguait la famille, la société civile, et l'État, pour montrer les manières spécifiques dont ce double principe opère dans chacune de ces sphères, « afin de parvenir à la structure communicationnelle d'un "être-auprès-de-soi-même-dans-l'autre"[31]. ».

La famille constitue ainsi d'abord la sphère sociale au sein de laquelle les individus se portent naturellement assistance afin de pourvoir à la satisfaction de leurs besoins.

> Par l'amour, écrit ainsi Honneth, les sujets se reconnaissent les uns les autres dans la nature unique de leur besoin, si bien qu'ils trouvent une sécurité affective dans l'expression de leurs prétentions instinctives[32].

C'est en cela que consiste son principe spécifique de fonctionnement. Ce principe, qui se trouve donc fondé sur la recherche de la « sécurité affective » de la part de ses membres, justifie d'ailleurs qu'on distingue d'une part le besoin que chaque membre du couple a l'un de l'autre, et d'autre part le besoin d'assistance et d'éducation qui lie les enfants à leurs parents. Ainsi :

> « La figure de l'amour sexuel entre les partenaires du mariage, (…) satisfaction intersubjective des pulsions individuelles » se trouve-t-elle logiquement distinguée du « potentiel des besoins encore non organisés de l'enfant (…) formé ici par la *praxis* éducative des parents[33] ».

Cette structure spécifique qu'est la famille reçoit enfin son principe normatif spécifique, au même titre que les deux autres « sphères de reconnaissance ». La reconnaissance amoureuse, dont les membres de la famille se rendent capables, peut ainsi apparaître juste, au sens où elle autorise chacun à cultiver une confiance en soi. Ce qui devrait permettre à ces derniers de s'aguerrir, aujourd'hui comme demain, pour affronter et relever les différentes formes de blessures morales d'indifférence

---

Français dans la revue « le Passant ordinaire », n° 38, en 2002, sous le titre *Reconnaissance et justice* présente sur ce point un grand intérêt et une réelle utilité.

30 L'écriture des *Grnudlinien der Philosophie des Rechts* repose sur l'intention qu'avait Hegel de produire un manuel résumant son cours donné à L'Université de Berlin de 1820, cours qui venait compléter le cours proposé à Heidelberg en 1817, traduit en Français sous le titre : *Leçons sur le droit naturel et la science de l'État* (traduit et présenté par Jean-Philippe Deranty, Paris, Vrin, 2002).

31 Honneth, 2008, p. 56.

32 Honneth, article « Reconnaissance » (Honneth, 1996b, p. 1642).

33 Honneth, 2008, p. 99.

ou de mépris qu'ils sont susceptibles de rencontrer au fil de leurs vies sociales respectives.

Remarquons que Honneth n'est pas seulement sensible à la façon dont Hegel avait articulé les différentes institutions de la famille[34]selon ce double principe organique, à la fois fonctionnel et normatif. Il semble à la fois attaché à l'esprit même de l'analyse que Hegel proposait de la famille en 1820, lorsque ce dernier s'efforçait de démontrer l'essence éthique de la famille, susceptible, confirmant ainsi sa valeur de première figure de *l'éthicité*, d'instituer, dans le vif même de la vie sociale qui s'y organise, les principes fonctionnels et normatifs d'une « vie juste ». La « vie juste » étant l'expression selon laquelle Honneth réactualise ce que Hegel appelait une « vie éthique » (*Sittliches Leben*).

Dans ce contexte, le mariage par exemple, pour autant que Hegel le comprend comme la vérification institutionnelle, individuellement vécue, d'un amour partagé conscient de soi, ne peut se comprendre dans le sens exclusif d'un droit qui exclurait la vie, ou, à l'inverse, dans le sens exclusif d'une jouissance qui interdirait toute orientation normative. Aussi Hegel renvoyait-il dos à dos l'interprétation kantienne du mariage, jugée trop juridique, et l'interprétation vulgaire, jugée trop hédoniste. La vie du couple ne saurait en effet se réduire à « la liaison de deux personnes de sexe différent pour la possession réciproque, à vie, de leurs propriétés sexuelles[35] », pas plus qu'à l'expression du fait de la jouissance, fût-il ou non compris comme l'expression d'un droit naturel. Honneth reste ainsi très attentif à la façon dont Hegel démontre de façon très originale, et sans doute inédite, de quelle manière le lien de la famille est à la fois socialisant et émancipateur, riche d'une valeur pratique comme d'une valeur épistémique, vivant et normatif. Le lien de la famille se trouve de cette façon apprécié pour ce qu'il signifie chez Hegel : le lien institutionnel de la liaison – du besoin et du sentiment de l'amour – et de la déliaison produite par la prise de conscience de ce sentiment par chacun des membres de la famille qui le réfléchit et s'y réfléchit. Les individus prennent ainsi conscience de leur rôle singulier et exclusif au sein de la famille, ainsi que de leur autonomie et de leur capacité propre à assumer la dissolution de la famille, et donc à

34 Il s'agit, en 1820, du mariage, de la propriété et du bien de la famille, enfin de l'éducation des enfants et de la dissolution de la famille entendu comme droit des enfants à leur majorité, de s'émanciper comme personnalités juridiques autonomes (*Cf.* Hegel, 2013, § 158-180, p. 325-347).

35 Kant, 1986b, p. 536.

inaugurer d'autres modes du lien social ou d'autres modes d'intégration sociale ; et ceci librement. Hegel écrit en effet :

> La dissolution éthique de la famille tient à ce que les enfants, éduqués à la personnalité libre, sont reconnus à leur *majorité* comme des personnes juridiques et sont reconnus capables d'une part d'avoir une libre propriété qui leur soit propre, d'autre part de fonder leur propre famille, les fils en tant que chefs de famille et les filles en tant que femmes [;] ils ont désormais leur destination substantielle dans cette famille, devant laquelle s'efface leur première famille, en tant qu'elle est seulement [un] fondement premier et [un] point de départ, et devant laquelle, plus encore, l'élément-abstrait qu'est la lignée n'a pas de droits[36].

Axel Honneth veut ici retenir de l'analyse hégélienne que la vie familiale est à la fois primordiale et décisive, non seulement pour que l'individu émancipé de sa famille originelle puisse à son tour produire et s'épanouir dans sa nouvelle famille, mais pour que ce dernier puisse réussir sa vie sociale en général. Ce qui implique tout aussi bien pour lui d'être capable de s'adapter aux contraintes de la vie professionnelle, que d'être capable de telle ou telle démarche responsable d'achat ou de vente, ou encore d'assumer avec la même liberté et la même responsabilité sa vie de citoyen. Honneth n'ignore pas, de ce point de vue, que Hegel avait lui-même très clairement souligné une corrélation souterraine entre le besoin, l'amour, la disposition d'esprit éthique (*sittliche Gesinnung*) et la disposition d'esprit politique (*politische Gesinnung*) et le patriotisme[37], corrélation qui repose sur la confiance, et sur laquelle lui-même insistera plus tard en s'appuyant sur les travaux des psychanalystes Erik Erikson et Donald Winnicott[38]. Honneth s'inspire donc de la continuité processuelle et transitionnelle d'une confiance corrélative de l'amour et du besoin aperçue chez Hegel, pour affirmer le caractère primordial et décisif que constitue à ses yeux la famille, comprise comme élément organique de la société en général. C'est pourquoi il note :

---

36 Hegel, 2013, § 177, p. 341.

37 « Cette disposition-d'esprit, en laquelle Hegel reconnaît une forme de synthèse de transition, est, de manière générale, la *confiance* (laquelle peut en venir à un discernement plus ou moins cultivé), – [à savoir] la conscience de ce que mon intérêt substantiel et particulier est protégé et contenu dans l'intérêt et la fin d'un autre (…), en tant que celui-ci est en rapport avec moi comme individu-singulier, – ce en quoi précisément celui-ci n'est, immédiatement, pas un autre pour moi, et en quoi, dans cette conscience, je suis libre ». (Hegel, 2013, § 268, p. 438-439).

38 Voir le troisième moment de ce même chapitre : « Le soin de la *psyché* ».

> Et c'est du fait de sa proximité avec la nature de l'homme en tant que nature liée au besoin, que la famille doit sa position de base élémentaire de toute éthicité. Sans la reconnaissance intersubjective à laquelle les pulsions parviennent au sein de l'espace intérieur et familier, précise-t-il, la constitution d'une « seconde nature », d'un fond social partagé d'habitudes d'action et de prises de position ne serait pas même possible[39].

Il y a donc un savoir pratique consistant à mener une vie de famille qui institue ainsi durablement, pour les individus que nous sommes, une culture de la vie sociale, déterminante pour toutes les sphères de la société.

Encouragés par cet essor produit par la famille, nous nous voyons ainsi autorisés à poursuivre le dessin de la planche anatomique du corps social en nous attachant à la sphère de la « société civile » ou « société bourgeoise » (*bürgerliche Gesellschaft*). Sous ce concept, repéré par Honneth comme une deuxième partie du corps social, Hegel entendait un stade de l'*éthicité* supérieur à celui de la famille, susceptible d'universaliser le lien social et ainsi de faire *État*, même s'il ne s'agit encore ici que de l'« *État externe* », autrement dit d'une société au sein de laquelle le Bien commun n'apparaît que comme un moyen terme encadré par les intérêts égoïstes des individus qui se posent comme termes extrêmes des échanges en son sein[40]. Cependant, même si, au niveau de la société civile, le Bien commun ne se trouve pas encore réfléchi en tant que tel et assumé effectivement dans une constitution politique, comme ce sera le cas dans l'État, Hegel avait pourtant clairement pensé ce deuxième moment de l'*éthicité* comme le lieu d'effectuation de la liberté comprise en son sens social. Dans cette sphère en effet, la *personnalité juridique*, qui dans le contexte du droit strict n'exprimait que formellement, et donc abstraitement, son droit de se rendre propriétaire et d'échanger, peut désormais effectivement le faire.

Ce que pense donc ici Hegel, très averti d'ailleurs des réflexions conduites alors au sein de l'économie politique naissante, c'est la façon

---

39 Honneth, 2008, p. 99.

40 Hegel note ainsi : « Dans son effectuation, la fin égoïste, ainsi conditionnée par l'universalité, fonde un système de dépendance multilatérale, de sorte que la subsistance et le bien-être de l'individu-singulier, ainsi que son être-là juridique, sont entrelacés avec la subsistance, le bien-être et le droit de tous fondés sur ceux-ci, et qu'ils ne sont effectifs et garantis que dans ce contexte. – On peut regarder tout d'abord ce système, conclut alors l'auteur, comme l'*État externe,* – l'État de la *détresse* et de l'*entendement.* » (Hegel, 2013, § 183, p. 350-351).

dont le bourgeois peut effectivement faire œuvre de sa liberté de posséder et d'échanger, ce qui définit la mesure même de sa vie éthique en même temps que sa vitalité. D'autre part et enfin, cette sphère sociale est en même temps celle du travail, activité par laquelle, à l'instar de ce que Hegel avait décrit de la tâche du valet au chapitre IV de la *Phénoménologie de l'esprit*, l'individu trouve l'occasion d'être reconnu du fait de la « culture pratique » et de la « culture théorique » dont il s'instruit par son travail[41]. On comprend donc aisément que Honneth ait été intéressé par la façon dont l'universel social, loin de contenir la liberté individuelle, fut ici pensé, au contraire, comme sa condition d'effectuation. Cette structure organique de la société civile, résolument moderne dans la façon dont elle assume l'universel social comme condition de libertés individuelles effectives, rend ainsi possible une reconnaissance culturelle, qui apparaît comme le véritable droit de la société civile ; droit qui doit pouvoir se vérifier subjectivement sous la forme d'une « estime de soi ». Honneth insiste alors sur l'idée que c'est ici le réseau constitué par les sentiments d'estime réciproques qui structure et fait fonctionner l'organisme de la société bourgeoise, autour du lien de la *solidarité* :

> La solidarité, dans les sociétés modernes, est donc conditionnée par des relations d'estime symétrique entre des sujets individualisés (et autonomes) ; s'estimer en ce sens, c'est s'envisager réciproquement à la lumière de valeurs qui donnent aux qualités et aux capacités de l'autre un rôle significatif dans la pratique commune[42].

Dans la logique d'un scrupule qui avait hanté Georg Simmel[43], entre autres, il est d'ailleurs remarquable que la structure réticulaire, poreuse et ouverte, de la société civile, reste pour Honneth un modèle normatif dont il lui plaît de se servir pour contrebalancer la défiance qu'il ne cesse de nourrir envers l'État. C'est pourquoi il écrit, en songeant à la transition proposée par Hegel en 1820 entre société civile et État :

41 *Ibid.*, § 197, p. 363-364.
42 Honneth, 2000b, p. 157.
43 « Les plus graves problèmes de la vie moderne, écrivait Simmel, ont leur source dans la prétention qu'a l'individu de maintenir la singularité de son existence contre la prépondérance de la société, de l'héritage historique, de la culture et de techniques qui lui sont extérieures : c'est là la forme récente de combat avec la nature que l'homme primitif a livré pour son existence physique. » (« Métropoles et modernité », Simmel, 1990, p. 61.)

> Néanmoins, en ce lieu de passage à la troisième sphère, la ligne de l'argumentation devient floue parce qu'on ne voit pas toujours clairement si Hegel a bien encore à l'esprit les intérêts des sujets pour la liberté. Les propos fameux au sujet de ces « accidents » que sont les citoyens dans leur rapport à la « substance » de l'État, semblent plutôt rendre évident le fait que l'individu ne joue ici que le rôle d'un membre dépendant et que son individualité n'est donc pas vraiment d'importance[44].

Le moins qu'on puisse dire à propos de cette dernière sphère sociale, dernière partie du corps social, qu'est l'État, c'est qu'Axel Honneth maintient ici une position très ambiguë qui trahit toute sa gêne. La lecture du droit hégélien, au lieu d'ailleurs de présenter pour lui un secours, semble accentuer ce malaise.

De ce malaise nous pouvons sans doute observer aisément un indice extérieur dans le fait que Honneth semble mettre un point d'honneur à réviser le schéma hégélien (famille – société civile – État) en inversant l'ordre des deux dernières sphères sociales. Tout se passe ainsi comme s'il fallait éviter de penser l'accomplissement social de la liberté dans l'État, mis à part lorsque Honneth fait le choix d'« hégélianiser » sa démarche, soit pour respecter la logique du texte hégélien, comme dans *Les pathologies de la liberté*, soit, de façon beaucoup plus inattendue, pour reconnaître une forme de salut dans une « culture politique ». Ce qui est manifestement le cas dans le texte que Honneth a publié en 2011 sous le titre *Das Recht der Freiheit*[45](*Le droit de la liberté*), dont la dernière section, consacrée à l'effectivité de la liberté en son sens social, se voit consacrée à l'étude des vertus de l'espace public démocratique. La constitution politique démocratique se voit ainsi saluée pour sa vocation à légiférer sur les pathologies sociales, et l'État démocratique se voit couronné comme « le centre efficient de l'ordre institutionnel dans sa totalité[46] ». Que Honneth manifeste une défiance ou une confiance en l'État, qu'il soit parfois plus proche ou parfois plus éloigné de Hegel, il n'en demeure pas moins que l'État participe selon lui de la continuité organique du corps social, relayant le mouvement reçu des autres membres, et le poursuivant. C'est ce qu'il veut démontrer dans les lignes qui suivent :

> On peut considérer que le respect de soi est à la relation juridique ce que la confiance en soi est à l'amour, puisqu'en effet les droits légaux peuvent être

---

44 Honneth, 2008, p. 102.

45 Honneth, 2011.

46 *Ibid.*, p. 613 (nous avons traduit).

> compris comme les signes devenus anonymes du respect social, de la même manière que l'amour nous est apparu comme l'expression affective d'une sollicitude qui résiste même à l'éloignement : tandis que l'amour maternel crée en chaque être humain le fondement psychique à partir duquel il pourra se fier aux pulsions nées de ses propres besoins, ses droits légaux lui font prendre conscience qu'il peut aussi se respecter lui-même, parce qu'il mérite le respect de tous les autres sujets[47].

L'expression du droit à la reconnaissance juridique au sein de l'État de droit repose donc à la fois sur l'institution structurelle et sur le savoir qui font que « nous ne pouvons nous comprendre comme porteurs de droits que si nous avons en même temps connaissance des obligations normatives auxquelles nous sommes tenus à l'égard d'autrui[48] ». C'est en ce sens que la liberté sociale fonctionne et doit fonctionner dans la sphère de l'État, qui vient ici parachever l'anatomie du corps social.

Le corps social articulé selon ses trois parties que sont la famille, la société civile, et l'État, dispose ainsi d'une liberté de mouvement de ses membres et de fonctionnement de ses organes, de l'équivalent d'un système nerveux organisant ses différentes fonctions, et bénéficie enfin de la garantie d'une cohérence organique structurelle. C'est sur le ton d'un lyrisme qui lui demeure peu coutumier qu'Axel Honneth publie ainsi toute sa gratitude envers Hegel pour être parvenu, dit-il, à « conjuguer d'une manière si impressionnante, on peut même dire si prémonitoire, une théorie de la liberté sociale[49] ». Il précise et résume de la façon suivante les raisons de cette gratitude :

> Les trois subdivisions de la famille, de la société civile et de l'État doivent représenter à la fois des étapes de la réalisation individuelle de soi et des sous-systèmes de la reproduction sociale. Hegel s'acquitte de cette tâche (...) en essayant d'indiquer, pour chacun des trois complexes institutionnels, dans quelle mesure : a) il contribue au développement des compétences subjectives dont les sujets ont besoin (...) pour réaliser toutes leurs différentes libertés ; b) il offre des rôles sociaux et des responsabilités dont l'exercice peut fournir aux sujets des buts rationnels et généraux dans leur autoréalisation (...) c) il apporte une contribution nécessaire et globalement suffisante au maintien des conditions « matérielles » dont dépend la reproduction des sociétés modernes[50].

47 Honneth, 2000b, p. 144.
48 *Ibid.*, p. 132.
49 Honneth, 2013a, p. 127.
50 *Ibid.*, p. 126-127.

Cependant une anatomie ne livre jamais au médecin qu'un corps sain. C'est pourquoi ce dernier doit encore apprendre à repérer les symptômes d'un corps en crise, de façon à pouvoir le soigner.

UNE SYMPTOMATOLOGIE DU CORPS EN CRISE

Désormais averti de la structure fonctionnelle et normative du corps social, Axel Honneth peut alors s'engager dans une approche thérapeutique de la société, approche qui repose essentiellement sur une méthode auscultatoire. Ce dernier se propose ainsi d'explorer les symptômes d'un corps malade, qui, dans ses moments de crise, exprime de lui-même ses troubles et ses dysfonctionnements. Au lieu de tenter de rendre raison des pathologies sociales de façon spéculative, comme le ferait un biologiste ou un chercheur en médecine fondamentale, Honneth préfère ainsi interroger le corps du patient, fort de la conviction que celui qui souffre communique, dans l'épreuve même de sa souffrance, qu'il souffre et ce dont il souffre, sans pour autant publier ce qu'on pourrait appeler un savoir sur sa souffrance. Ce choix méthodologique peut sans doute rappeler des choix semblables portés par une tradition très méfiante à l'égard de toute prétention théorique consistant à comprendre tout en soignant, et de soigner tout en comprenant.

On songe notamment peut-être à la pratique de l'hypnose et de la cure psychanalytique chez Freud, bien que ce dernier présupposait justement l'existence d'un savoir inconscient des patients, ou encore, plus probablement de ce fait, au « traitement » que Nietzsche avouait trouver « plus souhaitable encore (que beaucoup d'autres) en certains cas », et qui « consiste à *ausculter les idoles*[51] », autrement dit à sonder les corps en se proposant de les écouter, de façon, non à apprendre, mais à repérer les organes malades. Cependant la volonté de rompre radicalement avec une approche épistémique du corps social, en affichant une posture résolument critique envers cette méthode, inscrit plutôt la socio-iatrie de Honneth dans la logique même des analyses conduites par ceux qu'il est convenu d'appeler aujourd'hui les penseurs « néo wittgensteiniens ». L'esprit dans

51 *Cf.* Nietzsche, 1983, p. 54.

lequel Honneth installe sa méthode thérapeutique rejoint ainsi tout à fait celui des analyses d'Elizabeth Anscombe qui reconnaissait qu'il y a des choses que nous savons sur nous-mêmes sans que nous ayons à les observer, autrement dit sans que nous ayons à les décrire séparément de la façon dont nous les vivons en surplombant le vif de nos activités, comme c'est par exemple le cas du savoir que notre jambe se trouve repliée ou étendue[52]. Dans la même logique, Axel Honneth repère chez Stanley Cavell à la fois tout l'intérêt critique proposé par la pensée d'un rapport non cognitif à soi selon lequel les individus victimes des maux de la société moderne en viennent à publier leur souffrance, ainsi que la valeur de l'interaction communicationnelle impensée et impensable, qui se tisse entre le patient et le médecin. Honneth avoue ainsi volontiers cette complicité méthodologique qui le lie à Cavell :

> La tentative de décrire notre accès à l'autre sujet selon le modèle d'un rapport cognitif ne fait pas droit à une donnée très simple : avec les états mentaux[53], il ne s'agit tout simplement pas d'objets qui peuvent être visés par un savoir. L'affirmation selon laquelle un sujet « sait » quelque chose à propos de sa propre douleur ou de la jalousie qu'il éprouve est déjà trompeuse (…). Dans sa relation à autrui, le sujet n'est donc pas lui-même un objet à propos duquel il obtiendrait des informations sous la forme de faits qui parviendraient à sa conscience. Comme le dit Cavell à la suite de Wittgenstein, conclut alors Honneth, le sujet révèle plutôt ses états au partenaire de l'interaction en attirant sur eux l'attention de celui-ci[54].

À l'inverse de cette méthode thérapeutique vertueuse, reposant sur une interaction communicationnelle efficace à convoquer l'attention du médecin, Axel Honneth reproche à une tendance sociologique contemporaine de procéder à ce qu'il appelle une « liquéfaction du social ». Tel est l'objet de la critique qu'il adresse à la thèse soutenue par Boltanski et Thévenot dans *De la justification*[55]. La « liquéfaction du

52 *Cf.* Anscombe, 2002, § 8, p. 50.

53 Le corps social, en effet, est évidemment un corps symbolique : le corps des individus qui souffrent reste ainsi indéfectiblement lié à la dimension psychologique de cette souffrance, qui ne se réduit pas à l'aspect du dommage objectivement subi par le corps, qui peut d'ailleurs, lui, être observé : c'est par exemple le cas de la réduction de l'amplitude des gestes dus à une contention du corps dans un espace de travail réduit ou à une gestuelle répétitive.

54 Honneth, 2007b, p. 63-64.

55 Luc Boltanski et Laurent Thévenot, *De la justification. Les économies de la grandeur* (Boltanski et Thévenot, 1991).

social » constitue alors le chef d'accusation d'une attitude qui constitue à réduire l'aspect normatif de la reconnaissance à l'aspect épistémique de la connaissance. De sorte que la colonne vertébrale morale de la vie éthique n'existe plus dans ce corps social, sinon de façon purement extérieure et transcendante ; ce qui provoque du coup, à cause de ce défaut de structure, la liquéfaction de ce corps[56]. Le tort de Boltanski et Thévenot, selon Honneth, consiste ainsi à avoir procédé à une analyse de la société au sens strict, en acceptant de briser la continuité de la vie éthique. Si bien que les individus agissant dans les différentes sphères sociales devraient cesser d'agir, afin de connaître et d'évaluer leur activité, pour ensuite se relancer, selon une vitalité un temps suspendue, dans leurs interactions sociales. Au contraire de cela, l'auscultation du corps en crise nous oblige, selon Honneth, à prêter attention au corps, pour autant que s'y confondent organiquement une vie et une normativité immanente, et non transcendante, à cette vie même. De sorte que les pathologies sociales dont souffrent les individus peuvent être bien comprises à la façon dont ils les endurent vraiment ; c'est-à-dire comme des injures vécues faites à leur propre vie ainsi qu'à la valeur de leur propre vie, plutôt qu'en fonction de critères catégoriels autorisant celui qui juge à distinguer le pathologique et le normal.

En auscultant les individus souffrant, Honneth diagnostique alors que ce qu'ils expriment et communiquent consiste dans « la souffrance liée au fait d'être indéterminé » (*Leiden an Unbestimmtheit*), qui interdit à ces mêmes individus des « formes de communication dans lesquelles les sujets peuvent réciproquement apercevoir dans l'autre une condition de leur propre liberté[57] ». Le terme allemand *Umbestimmtheit* que l'on traduit ordinairement en Français par « indétermination » peut renvoyer à deux sens différents qu'Axel Honneth semble ici assumer ensemble. « Être indéterminé » peut désigner, en un premier sens, le fait d'être indistinct, noyé dans un fond homogène qui n'autorise aucune forme singulière à se détacher. En un autre sens cependant, cela peut indiquer le caractère incomplet, inachevé d'un être, à l'image de ce que suggère Platon dans l'interprétation qu'il nous propose du mythe d'Aristophane dans *le Banquet*[58].

56 Honneth, 2013a, p. 25, et p. 271-272.
57 Honneth, 2008, p. 87.
58 Platon suggérait en effet que la forme érotique de l'amour puisse être ainsi comprise comme désir de retrouver en l'être aimé une partie déchirée de soi, de façon à pouvoir de nouveau être complètement soi-même.

Honneth ne peut d'ailleurs ignorer, lorsqu'il utilise le terme « *Unbestimmtheit* », qu'il fut employé dans le premier sens que nous signalions par Hegel, qui voulait alors insister en 1820 sur la valeur à la fois ontologique et morale de ce concept. Le texte se trouve au paragraphe six des *Grundlinien* : « *Ebenso ist Ich das Übergehen aus unterschiedsloser Unbestimmtheit zur Unterscheidung*[59] » (« Le *moi* est également la transition de l'indétermination dépourvue de différence à la *différenciation*[60] »). Hegel voulait alors signifier ici que le passage de l'indétermination à la détermination était l'affaire ontologique et morale de l'être qui, cessant de se confondre de façon indifférente et uniforme avec la totalité des autres êtres, faisait désormais œuvre inédite d'une décision, susceptible de le placer *ipso facto* comme sujet autonome vis à vis de tous les objets tombés du côté objectif de sa volonté. En voulant ainsi ceci ou cela, ceci plutôt que cela, je me détermine alors comme sujet voulant ces objets qui n'ont pas cette liberté de vouloir qui m'appartient. Honneth assume donc certes ce premier sens de l'indétermination. Cependant il en modifie la valeur ontologique et morale qui la caractérisait encore dans l'introduction des *Principes de la philosophie du droit*, dans un sens anthropologique et existentiel, plus adapté à en dénoncer le caractère pathologique. C'est ce qu'il fait à partir de la lecture de Lukács qui l'autorise à penser l'indétermination sous le mode de la réification (*Verdinglichung*), c'est-à-dire comme un processus d'homogénéisation chosifiant des rapports qui lient les individus avec le monde, avec les autres, et avec eux-mêmes, processus nécessairement inscrit dans le fonctionnement de notre monde moderne du fait du développement des échanges marchands. Honneth note ainsi :

> Lukács, sous le terme de « réification », entend comprendre une habitude de pensée, une sorte de perspective figée dans l'habitude, dont l'adoption fait perdre aux hommes l'aptitude à se rapporter aux personnes et aux événements du monde de manière participative, engagée. À mesure que le résultat de cette perte s'installe, les sujets se transforment en observateurs passifs auxquels le monde environnant social et physique mais aussi le monde interne apparaîtront sous la forme d'un ensemble d'entités chosales[61].

« La souffrance liée au sentiment d'être indéterminé » prend donc ici pour Honneth le sens d'un monde homogène, fait d'êtres indifféremment

59 Hegel, 2000, § 6, p. 52.

60 Hegel, 2013, § 6, p. 155.

61 Honneth, 2007b, p. 72.

réifiés. Noyés au sein de la réification des choses exclusivement comprises comme des marchandises, au sein des autres eux-mêmes réduits au rang de partenaires de l'échange marchand, subissant enfin la réification des qualités du sujet ravalées au rang de qualités valorisables sur le marché, les individus ne peuvent que devenir oubliés et oublieux de la reconnaissance. L'amnésie de ce qui fait que de simples rapports contractuels peuvent devenir des relations humaines, impliquant des intentions, des activités et des interactivités émotionnellement chargées, constitue la véritable souffrance d'une indétermination comprise sous ce premier symptôme d'indifférenciation, consistant à se sentir effacé du monde, effacé des autres, effacé de soi-même.

Or « se sentir indéterminé » peut tout aussi bien signifier, en un autre sens que nous remarquions tantôt, se sentir incomplet, inachevé, du fait de l'interdiction dans laquelle nous pouvons toujours nous retrouver de nous apercevoir et de nous reconnaître en l'autre comme soi-même. Peu importe d'ailleurs que cette reconnaissance s'établisse de façon sceptique ou négative, comme Honneth se plaît à le lire dans une tradition française, ou au contraire selon un modèle positif, identifié dans la tradition allemande[62]. Il importe seulement que les rapports intersubjectifs au sein de la société autorisent les individus, au fil de leurs activités ordinaires respectives, à coopérer en vue de garantir la solidité de ce tissu de reconnaissance mutuelle, propre à prévenir toute agression pathogène. On comprend ainsi que l'individu qui communique de façon symptomatique le fait de son indétermination, c'est-à-dire qui se sent à la fois effacé du monde et incomplet dans ce qui pourrait composer chez lui une identité reconnaissable, puisse souffrir de pathologies que la philosophie sociale peut bien se proposer de soigner.

Il nous semble ici important de souligner cependant, que la tentation qui consisterait à distinguer au cœur, ou bien au fil de la philosophie sociale d'Axel Honneth, une attention tantôt portée aux « pathologies de la liberté », tantôt portée, comme s'il s'agissait en fait d'autre chose, aux « pathologies de la reconnaissance » procède d'une inattention à ce qu'a voulu montrer Honneth[63]. Les pathologies de la liberté ne se

---

62 *Cf. Ce que social veut dire* I, ouvrage que Honneth structure sur la base de la confrontation entre ces deux traditions de la reconnaissance (Honneth, 2013a).

63 En ce sens, il ne faudrait pas se méprendre sur les intentions de Honneth lorsqu'il publie en 2011 *Das Recht der Freiheit*. S'il s'agit bien ici d'un retour à la « reconstruction

situent pas plus du côté exclusif d'un sentiment d'indétermination comme une incapacité de l'individu à se distinguer de l'objectivité en tant que sujet, que les pathologies de la reconnaissance ne se situeraient d'un autre côté : celui du sentiment d'incomplétude interdisant toute considération réfléchie de soi. Pour autant en effet que la liberté reçoit ici un sens social, les pathologies de la liberté touchent la vie sociale dans ces termes extrêmes que sont d'une part les aptitudes des sujets que nous sommes à prendre des décisions, et d'autre part l'aptitude de ces mêmes sujets à jouir de leur relation vivante au monde, aux autres, et à eux-mêmes. Elles ont donc si l'on veut un sens moral, si l'on considère qu'elles concernent le bien des individus en son principe (la décision) et en sa fin, comprise comme satisfaction des valeurs individuelles. Mais en même temps, ces pathologies de la liberté se vivent comme des pathologies de la reconnaissance, puisque la reconnaissance signifie le processus essentiel selon lequel, dans et par leur vie sociale, les individus reconnaissent chez les autres la confirmation de leur propre liberté.

C'est pourquoi le sentiment d'être maintenus prisonniers ne va jamais sans un sentiment d'injustice[64]. Lorsqu'en effet nous ne pouvons décider librement de nos vies respectives, c'est que nous ne recevons pas des autres une confiance, une estime, ou un droit suffisants à asseoir cette décision, ou encore que nous refusons aux autres ce même droit d'être reconnus. En ce sens, un père de famille incapable d'aimer ses enfants, et incapable de se sentir réciproquement reconnu par l'amour de ces derniers, n'est pas libre. Un chômeur en fin de droits, qui se voit dans l'impossibilité de recouvrer sa dignité en faisant œuvre de ses talents et de ses compétences ne l'est pas plus. Celui, enfin, qui vit ou survit sur un territoire qui lui refuse toute reconnaissance juridique n'est pas,

---

normative » hégélienne, retour annoncé dans le dernier chapitre de sa publication précédente (*Eine Welt der Zerrissenheit*, voir *Un monde de déchirements*, note 6, p. 290), il ne s'agit nullement en revanche de retourner à la question de la liberté en délaissant la question de la reconnaissance. Ainsi, « l'esquisse d'une théorie de la justice sous l'idée de la liberté individuelle » qui intéresse ici Honneth chez Hegel, ne va pas sans rappeler que Hegel est demeuré fidèle à un idéal de justice inspiré par l'idéal antique de la reconnaissance, c'est-à-dire comme « intention constante et obligeante de donner à chacun son dû », ce qui implique, dans le projet hégélien de reconstruction normative, de prendre en considération les qualités des autres personnes, comme d'encourager ces dernières dans leurs différentes tâches sociales (*cf.* Honneth, 2013b, p. 290 et p. 291-292).

64 *Cf.* Honneth, 2008, p. 81, section intitulée : « "Libération" de la souffrance : la signification thérapeutique de l'"éthicité" » (p. 78-84).

lui non plus, libre. Si Honneth a pu d'ailleurs identifier dans l'éthicité hégélienne une valeur thérapeutique (*ibid.*), c'est parce que Hegel ne s'est jamais contenté d'accorder à la liberté un sens substantiel, attaché au seul pôle de la volonté subjective, mais qu'il pensait dans le concept d'éthicité un processus de libération des individus vis à vis d'attitudes d'indifférence ou de mépris entretenues par nos sociétés. Hegel savait ainsi parfaitement la fragilité de ce processus irrigant la vie éthique, qui pouvait dégénérer à tout moment dans les dérives d'une organisation du travail abrutissante et aliénante, comme dans celles d'un lien social rendant les individus aveugles quant à leurs véritables besoins, ou encore dans les dommages irréparables du fanatisme religieux ou politique.

La privation de la liberté ne va donc pas sans une privation de reconnaissance, ce qui conduit, selon Honneth, à des situations de mépris (*Missachtung*) dont souffrent les individus dans nos sociétés modernes[65]. Cette expérience traumatique peut alors recouvrer plusieurs formes vécues. Elle peut s'exprimer sous la forme de ce qu'il nomme « la mort psychique », lorsque le mépris surgit sous la forme d'une atteinte à l'intégrité physique, comme c'est le cas dans la torture ou dans le viol. Ces injures physiques produisent en effet « l'effondrement dramatique de la confiance en soi de l'individu relativement au monde social et donc à sa propre sécurité[66] ». Mais l'expérience du mépris peut prendre tout aussi bien la forme de ce que Honneth appelle « la mort sociale », qu'il définit comme le vécu d'une « remise en cause de la capacité du sujet de formuler un jugement moral[67] ». Tel est le sort respectif du père non aimant et non aimé, du chômeur en fin de droits, ou du résidant sans droit politique que nous évoquions.

Leur souffrance ne s'arrête pas seulement en effet à la mise à vif de la contestation de leur autonomie d'agir, de penser, et de sentir. Elle s'exprime en même temps dans le sentiment d'être exclu de toute activité participative selon laquelle les membres d'une société interagissent et coopèrent ordinairement à l'effectuation d'une vie où chacun peut éprouver le sentiment d'accorder aux autres la reconnaissance qui leur est due, tout en pouvant espérer légitimement jouir réflexivement pour

65 « L'expérience du mépris, écrit Honneth, signale le refus ou la privation de reconnaissance ». (Honneth, 2000b, p. 162).

66 *Ibid.*, p. 163.

67 *Ibid.*

eux-mêmes de cette reconnaissance. Les individus souffrent ainsi de ne pas être à la hauteur, ou plus exactement de la considération qu'ils ne sont à la hauteur, de fait ou de droit, ni de leurs propres intentions, ni des intentions des autres à leur égard. C'est pourquoi Honneth avoue ici s'accorder avec Dewey pour indiquer que ce qui se manifeste de façon plus ou moins dramatique dans les situations de mépris consiste dans les « réactions affectives au succès ou à l'insuccès de nos intentions[68] ».

C'est ce qu'illustre l'épreuve de la honte (*ibid.*, p. 168), qui est vécue comme un affaiblissement du sentiment qu'a l'individu de sa propre valeur. Ce qui est symptomatique d'une déception vis à vis de ses propres attentes normatives ou vis à vis de celles de la société. D'où l'intérêt que manifeste Axel Honneth pour ce qu'il identifie comme une approche négativiste de l'intersubjectivité chez Sartre : « Son analyse, dit-il, aboutit à la démonstration que le monde social se tisse de relations entre sujets qui se réifient mutuellement[69] ». Honneth cite alors la page de l'*Être et le néant* dans laquelle il lit que le regard de l'autre est « la mort de mes possibilités » :

> Ainsi, écrit Sartre, dans le regard, la mort de mes possibilités me fait éprouver la liberté d'autrui : elle ne se réalise qu'au sein de cette liberté et je suis moi, pour moi-même inaccessible et pourtant moi-même, jeté, délaissé au sein de la liberté d'autrui. (...) Ainsi, par le regard, j'éprouve autrui concrètement comme sujet libre et conscient qui fait qu'il y a un monde (...). Et la présence sans intermédiaire de ce sujet est la condition nécessaire de toute pensée que je tenterais de former sur moi-même. Autrui, conclut l'auteur, c'est ce moi-même dont rien ne me sépare, absolument rien si ce n'est sa pure et totale liberté, c'est-à-dire cette indétermination de soi-même que seul il a à être pour et par soi[70].

On appréciera au passage, sans doute de la même façon qu'Axel Honneth l'avait apprécié, le style brillant de Sartre qui fait ici que, dans le contexte de cette reconnaissance négative, l'indétermination de l'individu réifié renvoie à la détermination d'une autonomie de l'indétermination chez l'autre dont le regard me réifie. Autre qu'il m'appartient précisément de réifier à mon tour sous les mêmes conditions, dans le contexte social de la communication intersubjective. C'est dans la nature spéculaire,

68 *Ibid.*, p. 167.
69 Honneth, 2013a, p. 136.
70 Sartre, 1943, p. 317.

ou réfléchissante, de la relation intersubjective, que s'inscrit le fait social traumatisant de la réification mutuelle. Honneth se propose alors de comprendre ce phénomène, sans que cela nous surprenne, en poursuivant la lecture de *L'être et le néant* jusqu'au commentaire de la situation du mari jaloux qui se découvre regardé, alors qu'il est lui-même en train d'épier sa femme[71] en écoutant ce qui se dit de l'autre côté de la pièce où il se trouve, l'oreille collée à la porte, ou en observant les choses par le trou de la serrure.

La honte peut ainsi être diagnostiquée comme une pathologie intersubjective de l'être regardé[72], qui souffre d'être ravalé à l'état d'objet par autrui. Ce qui implique que l'individu concerné se voit à la fois contesté dans ses qualités subjectives de mari, susceptible d'aimer son épouse avec confiance, ainsi que dans ses qualités subjectives d'homme civilisé et courtois, qui commande qu'on n'épie pas les autres en société, et tout particulièrement les dames. L'épreuve de la honte en général, spécifiquement corrélative de la jalousie ici, se trouve donc saisie par Honneth comme exemplaire de situations d'état de crise dont les individus que nous sommes souffrent ordinairement dans leur existence sociale. Les différentes expériences de mépris se développent ainsi sous la forme d'interactions pathogènes qui génèrent une crise du corps social, pour le soin de laquelle Axel Honneth propose manifestement une cure dans sa philosophie sociale.

Cette symptomatologie du corps en crise qui consiste, de la part de Honneth, à repérer les pathologies sociales dans l'intention de les guérir, à partir de l'auscultation d'individus souffrant de se sentir méprisés, inscrit ce dernier dans la tradition, d'ailleurs complètement assumée chez lui, des penseurs de l'aliénation. L'itinéraire de ce mouvement philosophique moderne reste ainsi sans aucun doute un itinéraire qu'il lui plaît sans cesse de parcourir de nouveau et de poursuivre dans ses propres recherches. On pourrait ainsi en retracer rapidement les jalons : à partir d'une aliénation comprise comme incapacité pour le sujet de recouvrer une conscience de soi chez Hegel, comprise comme privation du monde comme objet de jouissance chez Marx comme aujourd'hui chez Franck Fischbach[73], prenant la forme d'une réification chez Lukács,

71 *Ibid.*, p. 305, *sq.*
72 Honneth, 2013a, p. 141.
73 *Cf.* Franck Fischbach, *Sans objet. Capitalisme, subjectivité, aliénation* (Fischbach, 2009).

ou d'une « colonisation du monde social vécu » par des catégories du « système » chez Habermas[74], enfin comme un déni du corps chez Judith Butler[75]. Dans tous les cas, l'aliénation se définit, au fil de cette tradition, sous la forme d'un manque, qui est souvent un refus de reconnaissance, qui s'exprime pour les individus vivant en société dans des situations de crise. C'est fondamentalement ce que cherche à démontrer Axel Honneth, qui souhaite développer selon sa propre pensée originale, le fil de cette tradition.

UN SOIN DE LA PSYCHÈ

Dans la langue française, le mot « âme » reste sans doute profondément marqué par la tradition classique qui consiste à accorder à ce concept un sens et une valeur épistémique et morale orientés selon les présupposés d'une philosophie de l'esprit. Dans la logique de cette tradition, la question de savoir si l'esprit doit, ou au contraire ne doit pas, composer avec le corps pour s'assurer du salut de la connaissance vraie ou de l'action bonne, devient la problématique centrale de l'âme. On songe, de ce point de vue, aux efforts inédits consentis par Merleau-Ponty, à l'encontre principalement de la philosophie cartésienne, pour relever le problème du statut participatif ou disjonctif de l'âme vis à vis du corps, dans le concept de « chair[76] ». Empruntant ce terme à ce que les Allemands nomment *Leib*, qui signifie le corps de chair et spécifiquement le ventre, Merleau-Ponty voulait ainsi dépasser l'obstacle épistémologique du dualisme entre la conscience et son objet, en pensant

74 *Cf.* Honneth, 2013b, p. 220.

75 Voir le commentaire original qu'elle propose de la dialectique du maître et du valet en montrant que du fait de commander au valet de travailler à sa place, le maître procède *ipso facto* à « un désir désincarné d'autoréflexion », délégant ainsi ce que pourrait faire son corps à la charge du corps du valet, en lui commandant : « sois mon corps à ma place, mais ne me dis pas que ce corps que tu es est mon corps. » (Butler, 2002, p. 68-69).

76 La chair, écrit Merleau-Ponty, « n'est pas matière, n'est pas esprit, n'est pas substance. Il faudrait, pour la désigner, le vieux terme d'"élément", au sens où on l'employait pour parler de l'eau, de l'air, de la terre et du feu, c'est-à-dire au sens d'une *chose générale*, à mi-chemin de l'individu spatio-temporel et de l'idée, sorte de principe incarné qui importe un style d'être partout où il s'en trouve une parcelle » (Merleau-Ponty, 1964, p. 184).

dans le concept de « chair » un corps effectif, à la fois vivant et vécu, capable d'esquisser des choix normatifs au fil de différents styles de vie. Aussi faisons-nous ici le choix de parler du « soin de la *psychè* » plutôt que du « soin de l'âme ».

Ce faisant, il s'agit non seulement de respecter un terme consacré par la psychologie et la psychanalyse, dont il sera certes question dans ce chapitre, lorsqu'elles étudient des phénomènes psychiques en lesquelles les expressions du corps sont mêlées aux expressions de l'esprit, mais en même temps d'assumer ce que les Grecs entendaient par *psychè*. Le sens originel de la *psychè* nous renvoie en effet à la notion d'une sphère humaine individuelle, faite d'idées et de sentiments, qui, à la différence de l'âme des Dieux, se voyait caractérisée par une fragilité liée à la mortalité du corps au creux duquel elle se voyait confondue. Dans ce contexte, la *psychè* se trouve ainsi viscéralement condamnée à la société et à l'histoire, qui contribuent à parfaire essentiellement le cours original de sa vie, à travers les traumatismes nécessaires que toute vie située, attachée au monde et reliée à la vie des autres, ne laisse de produire. C'est là le trait « terreux » de la *psychè*, sur lequel insiste Platon dans le *Phèdre* :

> Lorsqu'elle (la *psychè*) s'est emparée d'un corps de terre, lequel semble, grâce à sa puissance à elle, se mouvoir lui-même, le tout, l'âme et le corps solidement fixé à elle, est appelé un « vivant », et reçoit le nom de mortel[77].

Or il nous semble justement que c'est une même fragilité assumée du psychisme humain qui pousse Axel Honneth à reconnaître l'utilité et l'intérêt de la psychanalyse et de la psychiatrie pour la théorie critique. C'est tout particulièrement l'héritage contemporain des travaux des Anglo-saxons qui justifie ici son attention en ce sens, et en particulier les travaux menés sur la relation décisive que l'enfant entretient avec sa mère dans la toute première période de sa vie. Honneth fait ainsi fréquemment référence aux recherches et aux pratiques du psychiatre et psychanalyste anglais John Bowlby (1907-1990), qui avait travaillé sur l'attachement et la perte, et en particulier sur le rôle des contacts physiques dans la communication entre la mère et l'enfant. Les travaux du pédopsychiatre et psychanalyste américain Daniel Stern (1934-2012) sur la fusion entre la mère et l'enfant, ne lui sont pas non plus inconnus. Mais ce sont surtout les conclusions des recherches établies dans le

77 Platon, *Phèdre*, 246c, 2007, p. 239.

domaine par le psychanalyste anglais Donald Winnicott qui, articulées à celles de l'Américain Erik Erikson (1902-1994), vont, comme nous l'indiquerons un peu plus loin, permettre à Axel Honneth de peaufiner l'idée que les pathologies sociales ne peuvent se guérir pour les individus qui en souffrent, qu'au prix d'une lutte pour la reconnaissance.

Honneth estime en effet que la psychanalyse, au sens où elle propose non seulement une compréhension du psychisme individuel mais également une thérapie, présente un double avantage normatif et explicatif pour la constitution d'une théorie critique de la société. Le fait est qu'Axel Honneth a souhaité poursuivre l'enquête sur une connivence entre théorie critique et psychanalyse déjà aperçue par Habermas, et notamment explicitement établie dans *Connaissance et intérêt*. En 1968, ce dernier indiquait en effet que théorie critique et psychanalyse se rejoignaient dans la logique d'un intérêt émancipatoire, apprécié comme « seul modèle tangible d'une science qui recourt méthodiquement à l'autoréflexion[78] ». La psychanalyse propose en effet de libérer les individus de leurs propres pathologies selon une méthode identique à celle que la théorie critique leur propose pour les faire se libérer de leurs pathologies sociales. L'apport de Habermas se joue d'ailleurs aussi bien ici dans la conciliation de la fin libératrice de cette méthode commune à la psychanalyse et à la théorie critique que dans la forme même de cette méthode.

De ce point de vue en effet, Honneth rejoint Habermas dans ce qu'il refusait chez Horkheimer. Alors que ce dernier voulait absolument maintenir une séparation entre un niveau épistémologique et un niveau normatif dans la théorie critique[79], Habermas affirme au contraire que « dans l'autoréflexion, la connaissance et l'intérêt sont confondus[80] ». La science du diagnostic et le savoir de la structure se trouvent donc ainsi d'emblée confondus avec une pratique de l'émancipation et de la libération des pathologies. Soigner, c'est donc désormais, en même temps,

78 Habermas, 1976, p. 247.

79 Dans *Théorie traditionnelle et théorie critique*, Horkheimer jugeait en effet en 1937 que « si l'on ne poursuit pas l'effort de pensée théorique qui, dans l'intérêt d'une société future organisée selon la raison, s'applique à critiquer la société actuelle, à en éclairer complètement la structure en établissant un modèle à l'aide des théories traditionnelles développées dans des domaines spécialisés de la science, l'espoir d'améliorer radicalement l'existence humaine ne repose plus, dit-il, sur rien de solide. » ((Horkheimer, 1974).

80 Habermas, 1976, p. 157.

savoir. Dans ces conditions, la médecine de la société que veut pratiquer Honneth a d'abord manifestement intérêt, dans la mesure où elle se refuse à conduire des enquêtes purement spéculatives, à traiter ce que la clinique appelle des cas, autrement dit des situations de souffrance effectivement endurées par des individus.

Pour ce faire elle ne peut cependant espérer avoir affaire à des phénomènes psychiques parfaitement lisibles et intelligibles. Les pensées claires et distinctes, constitutives du critère schématique de l'intelligibilité chez Descartes, ne relèvent pas des faits psychiques ici observés et observables. C'est précisément ce pourquoi la psychanalyse offre un secours appréciable pour diriger une approche thérapeutique de la *psychè* :

> Sur le plan normatif, indique alors Honneth, une théorie critique de la société requiert une conception réaliste de la personne humaine, aussi proche que possible des phénomènes observés, qui doit aussi être capable de faire une place appropriée aux forces de liaison inconscientes, non rationnelles, du sujet[81].

D'autre part et enfin, le recours à la psychanalyse se trouve derechef légitimé, dans la mesure où cette pratique a su démontrer son aptitude à comprendre les phénomènes psychiques et les comportements instinctifs et pulsionnels, inexplicables lorsqu'on se contente de suivre le paradigme de la pensée réfléchie. On songe notamment ici à l'efficacité de la cure psychanalytique dans le traitement des névroses, dont Freud fut le pionnier, même si le psychanalyste autrichien contenait strictement ses recherches et ses soins aux névroses du psychisme individuel, considéré dans un contexte hors interactionnel et non traumatique. C'est ainsi sans penser spécialement aux critiques que Freud devait subir sur le sujet en son temps de la part de Jung, ni d'ailleurs à la critique plus aiguisée encore qu'en proposait Marcuse dans le contexte de l'École de Francfort[82], que Honneth ajoute un second intérêt de la psychanalyste, qui vient compléter l'intérêt normatif. Ce second apport de la technique psychanalytique pour la théorie critique de la société est d'ordre explicatif. Axel Honneth le formule de la façon suivante :

---

81 Honneth, 2013b, p. 233.

82 Dans *Eros et civilisation* (Marcuse, 1955), Marcuse reproche à Freud d'avoir refusé de maintenir l'énergie de la *libido* au cœur des relations intersubjectives constitutives des liens de la civilisation. Le principe de plaisir s'arrêterait dans ce cas à la sphère exclusive de la vie psychique individuelle, et commanderait sa propre sublimation dans le contexte interactionnel de la coopération sociale. Ce que refuse Marcuse.

> Sur le plan explicatif, (...) la théorie critique a besoin d'être complétée par la psychanalyse, dans la mesure où celle-ci semble le mieux à même de rendre compte des motifs de la conduite humaine qui échappent à la réflexion[83].

Ainsi, la connaissance des « affects inconscients dans l'histoire individuelle du sujet » devient-elle indispensable à la constitution de ce que Honneth appelle ici une « théorie de la socialisation[84] ». Si elle négligeait en effet de comprendre la *psychè* dans l'intention de la soigner, ce qui est bien le propos de la psychanalyse qui représente ici un secours, la philosophie sociale ne demeurerait qu'une métaphysique sociale, approchant la société dans sa structure et ses principes de fonctionnement intelligibles. La psychanalyse, en nourrissant la théorie critique de la société de son art de soigner, achève donc de faire de la philosophie sociale une médecine de la société. En cela, l'utilité de la psychiatrie et de la psychanalyse pour prévenir et soigner la souffrance des individus victimes de situations de mépris se trouve démontrée en principe.

Cependant, au-delà de cette seule démonstration de principe, Honneth tient à nous offrir une belle illustration de l'utilité de la psychanalyse. Tout commence par l'intérêt à la fois clinique, explicatif, et prophylactique qui caractérise, selon Honneth, les travaux du pédiatre et psychanalyste anglais Donald Winnicott. Ce dernier avait en effet établi une théorie du développement affectif, visant à montrer que les relations d'attachement et de crise de l'attachement vécues par le nourrisson et sa mère dans les tous premiers moments de sa vie ont une importance décisive pour la vie sociale d'un individu dans la continuité de son évolution d'ensemble. Winnicott écrivait alors :

> La plupart des processus qui prennent naissance au premier âge ne sont jamais complètement établis et la croissance qui se poursuit tout au long de l'enfance au cours de la vie adulte et même de la vieillesse, contribue à les fortifier[85].

C'est pourquoi Winnicott estime qu'il faut prendre très tôt un soin sérieux de ces relations affectives, et installer un suivi de ces relations dans la vie sociale des individus de façon à tenter d'en prévenir et d'en guérir les éventuels traumatismes. Honneth se propose ainsi de faire œuvre utile de l'apport de la psychanalyse de Winnicott, à laquelle

83 Honneth, 2013b, p 233.
84 *Ibid.*, p. 234.
85 Donald Winnicott, *Processus de maturation chez l'enfant* (Winnicott, 1970, p. 25).

il consacre un commentaire précis dans la section de *La lutte pour la reconnaissance* qui s'étire de la page 125 à la page 130. Il part ici de l'analyse que Donald Winnicott propose de ce qu'il nomme « l'objet transitionnel » (p. 125), et rappelle que ce dernier avait pu montrer que la relation affective que l'enfant entretient avec un objet de son environnement, qui peut être une partie d'un jouet, la pointe d'un oreiller, leur pouce, ne doit pas être comprise comme la métaphore d'une relation où cet objet recouvrerait le statut d'un substitut de la mère telle qu'elle pouvait lui apparaitre au stade fusionnel. Il faut plutôt selon lui, comme le lit Honneth ici, considérer les « objets transitionnels » comme des « intermédiaires ontologiques entre la fusion primaire et l'expérience de la séparation » (*ibid.*, p. 126).

L'intention de Winnicott est ici de montrer que la logique du développement affectif n'est pas celle d'un processus se développant de façon continue et sans heurt, mais relève plutôt d'un parcours discontinu, jalonné de situations problématiques et conflictuelles, qu'il relève en permanence aux individus de surmonter. De ce point de vue, la thèse que développe ici Winnicott peut apparaître comme l'anticipation de ce qu'Erikson cherchera à établir en 1982 ; à savoir l'idée que l'histoire affective des individus se trouve nécessairement marquée par une série de crises interactionnelles très clairement identifiables aux différents stades de sa vie. Vient d'abord la crise de la confiance contre la méfiance fondamentale (de 0 à 18 mois), puis la crise de l'autonomie contre la honte et le doute (de 18 mois à 3 ans), la crise de l'initiative contre la culpabilité (de 3 ans à 6 ans), la crise du travail contre l'infériorité (6 ans à 12 ans), celle de l'identité contre la confusion ou la diffusion des rôles (de 12 ans à 20 ans), celle, ensuite, de l'intimité contre l'isolement (de 20 à 45 ans), de la générativité contre la stagnation (de 45 ans à 65 ans), et enfin la crise de l'intégrité contre le désespoir[86].

Dans cette trajectoire affective conflictuelle, Axel Honneth valorise en même temps manifestement la puissance normative continue de la confiance qu'il aperçoit chez Winnicott comme une sorte d'idéal régulateur de la reconnaissance sociale, idéal immanent à la vie sociale des individus. L'épreuve de la crise, systématiquement comprise comme l'appel objectif d'une confiance à retrouver, signifie donc toujours dans la façon même dont elle nous affecte, sa propre vocation dialectique à

86 *Cf.* Erik Erikson, *The life cycle completed, A review* (Erikson, 1982).

être dépassée dans un niveau supérieur de confiance et de vitalité sociale. C'est ce que Honneth remarque au niveau de l'aptitude de l'enfant à inventer :

> La créativité infantile, écrit-il ainsi, – et toute faculté d'imagination humaine quelle qu'elle soit – est conditionnée par une « capacité d'être seul » qui ne peut à son tour se développer que sur la base d'une *confiance* élémentaire dans la sollicitude de la personne aimée[87].

La confiance nous autorise donc à intérioriser le lien affectif lorsque celui-ci ne peut plus se vivre sous la forme d'un lien intersubjectif réel. De sorte que nous pouvons nous sentir libres et reconnus tout en étant seuls. À condition toutefois que la solitude ne se vive pas ici comme le fait irréparable de l'anéantissement de nos liens intersubjectifs, ce qui conduirait au contraire à un stade extrême de réification. Il s'agit bien au contraire de penser l'efficacité psychologique de notre disposition virtuelle au lien social dont nous disposerions donc de façon latente, mais que nous serions capables à tout moment d'effectuer. C'est ce qui autorise Honneth à valoriser cette corrélation paradoxale entre confiance et « aptitude à être seul », en montrant que l'amour doit être ici entendu comme modalité de la structure de reconnaissance qui se joue ici :

> Dans cette mesure, précise-t-il en effet, la forme de reconnaissance de l'amour – que Hegel avait décrite comme un « être soi-même dans un étranger » – ne constitue pas un état intersubjectif, mais un arc de tension communicationnel, qui relie continuellement l'expérience de la capacité d'être seul à celle de la fusion avec autrui[88].

Lorsque Hegel écrit que l'amour doit se comprendre comme « être soi-même dans un étranger[89] » il souhaite en effet abolir l'idée reçue que l'amour signifierait un état affectif dont la substance psychologique de tel ou tel individu serait dépositaire. Il veut ainsi signifier que celui qui pense avoir de l'amour à la manière dont il pense avoir de l'argent ou à la manière dont il peut avoir tel ou tel habit suspendu dans son *dressing*, se méprend à la fois sur le sens et la valeur sociales de ce sentiment. Si tel était l'amour, il pourrait en effet se prêter ou se donner et aussitôt se perdre du fait de l'absence,

---

87 Honneth, 2000b, p. 127.

88 *Ibid.*, p. 129.

89 Hegel, *Système de la vie éthique*, (Hegel, 1976, p. 121).

et donc de la séparation physique de l'être aimant. « Loin des yeux, loin du cœur » : quiconque se plait à formuler ainsi ironiquement une déception affective, sait bien qu'il démasque ici un sentiment dont il s'aperçoit qu'il n'était, précisément, qu'un amour en trompe l'œil. L'amour n'est donc pas un état que l'on pourrait décrire en montrant qu'il y a échange entre un individu qui donne et un autre individu qui reçoit. Parler d'« arc de tension communicationnel », c'est au contraire affirmer l'être non substantiel, mais processuel de ce sentiment. L'amour commande en effet, selon une obligation qui n'a rien à voir avec la morale, de ne pas rester simplement auprès de soi, c'est-à-dire auprès de ce qui flatte familièrement, et donc confortablement, nos convictions subjectives, mais au contraire de restreindre ce rapport à soi immédiat. La force de l'amour, et donc le développement de la confiance qui en est le corrélat, dépend ainsi d'une capacité du sujet à se délier de ceux à qui et de ce à quoi il est immédiatement attaché, de façon à mieux se lier. C'est pourquoi Hegel précise :

> L'obligation qui nous lie ne peut apparaître comme une *restriction* qu'à l'encontre de la subjectivité indéterminée ou de la liberté abstraite, et à l'encontre des impulsions de la volonté naturelle ou de la volonté morale qui détermine à partir de son arbitre son Bien indéterminé[90].

Dans la logique de cette obligation qui est « libération » de l'individu (*ibid.*), l'amour recouvre à la fois une vitalité sociale et une histoire. Il désigne en effet le processus selon lequel les individus abandonnent leurs sentiments et leurs pensées aux autres auxquels ils se lient. Ce processus qui s'inaugure au sein de la famille et de sa dissolution, se prolonge ainsi bien au-delà de la sphère de la famille. C'est par exemple le cas dans le geste socialisant du travail, comme dans celui du langage, à propos desquels Hegel indique que « l'individu ne se retient plus et ne se possède plus lui-même, mais laisse l'intérieur venir totalement en dehors de lui-même et l'abandonne à autre chose[91] ». Cela suppose évidemment que nous soyons prêts, chacun de nous individuellement, à assumer la part de risque nécessairement contenue dans la communication langagière comme dans la coopération laborieuse. Parler à quelqu'un implique en effet que nous puissions être incompris ou mal compris, et nous pouvons toujours échouer à nous accorder avec ceux avec qui

90 Hegel, 2013, § 149, p. 319.
91 Hegel, 2006, p. 293.

nous travaillons ou avec ceux pour qui nous travaillons. Cependant il est recommandable que nous relevions nos scrupules, non pas sous la forme d'une audace présomptueuse qui nous maintiendrait encore prisonniers de nous-mêmes, mais sous la forme d'une confiance dans la disposition et les aptitudes des autres à nous entendre et à nous épauler. C'est pourquoi le lien amoureux se retrouve aussi bien sous la forme du lien de la société civile que sous la forme du lien de l'État qui repose, ainsi que l'avoue Hegel, « sur la même unité qui, dans la famille, est en tant que sentiment de l'amour », même si cette unité se trouve désormais « dans la *forme* d'une universalité *sue*[92] ». Axel Honneth ne se trompe pas alors, en reconnaissant que la culture, comprise comme « polissage de la singularité » est ce que produit essentiellement l'amour ainsi compris, et de citer ainsi le § 187 des *Principes de la philosophie du droit* :

> Ce « polissage de la singularité » (§ 187, Additif) est ce que Hegel désigne ici comme une « formation de soi par intériorisation » de la nécessité extérieure, et qu'il comprend de nouveau ici comme un procès d'« émancipation » (...). De même que la participation à la vie familiale exigeait l'apprentissage d'un jeu de langage empreint d'affectivité, de même la participation à la sphère du marché capitaliste exige la formation des compétences sociales propres à la rationalité en finalité ; mais, précise Honneth, dans les deux cas, c'est uniquement la participation aux ensembles pratiques d'actions correspondants qui conduit à ce que les processus nécessaires d'apprentissage puissent être faits et les capacités correspondantes apprises[93].

La culture est en effet ce qui nous autorise à un abandon confiant de nos contenus psychiques, intellectuels et affectifs, au centre de la communication intersubjective, qui fait qu'on peut s'apercevoir chez soi dans cette interaction avec les autres. On peut ainsi désormais comprendre le sens et la valeur thérapeutiques de cette épreuve de la vie qui consiste à apprendre à être seul afin de devenir un partenaire social libre et libérateur, reconnu et reconnaissant. Cet apprentissage, Honneth en découvre l'intérêt en prêtant attention aux recherches élaborées par la psychanalyse contemporaine. La manière dont celle-ci montre le lien qui s'élabore de façon décisive au cœur de la relation entre la mère et l'enfant au principe même de l'existence individuelle[94], commande en

92 Hegel, 1988, p. 311.

93 Honneth, 2008, p. 120-121.

94 Honneth complète d'ailleurs la référence à la psychanalyse contemporaine en la matière, par la référence à la distinction que Mead établit dans *L'esprit, le Soi et la société* entre le

effet à la philosophie sociale de l'encourager et d'en prendre soin, tout au long de la vie sociale des individus, d'en prévenir les pathologies, ainsi que de les soigner lorsqu'elles surgissent. À l'inverse de ces pathologies de la liberté, qui sont donc la même chose que des pathologies de la reconnaissance, les expériences de socialisation réussies dépendent en effet de la possibilité effective, pour les individus vivant en société, d'entretenir des rapports de confiance avec d'autres individus, qui se situent vis à vis de lui dans un rapport de distance ou d'étrangeté. Il nous semble qu'Axel Honneth, encouragé par les orientations socio-iatriques que nous avons voulu souligner ici, nourrit ainsi un véritable optimisme.

« stade du *play* », c'est-à-dire du libre jeu de rôle de l'enfant qui imite le comportement d'un partenaire réel, et le « stade du *game* », qui désigne le jeu social règlementé sur les attentes des partenaires sociaux. (*Cf.* Honneth, 2000b, p. 94).

L'OPTIMISME SOCIAL D'AXEL HONNETH

> Où pourrais-je trouver une raison de mener une vie bonne, si je n'ai pas une vie dont je puisse parler, ou si la vie que j'essaie de mener est considérée comme quantité négligeable ou qu'elle est, en réalité, déjà abandonnée[1] ?

POURQUOI ÊTRE OPTIMISTE ?

Les crises de la liberté et de la reconnaissance tendent naturellement à pousser les individus qui les subissent de manière plus ou moins répétitive au désespoir. Mais elles peuvent néanmoins encourager le philosophe à l'optimisme pour peu en effet qu'en dialecticien averti, ce dernier n'ignore pas que les souffrances humaines qui n'aboutissement pas à la mort restent susceptibles d'orienter essentiellement l'existence vers son amélioration. Ainsi, le progrès des liens de solidarité au sein des États européens et de ces mêmes États entre eux semble moins lié à l'histoire de leurs ententes et de leurs gloires communes qu'à la manière dont ils ont enduré leurs maux en cherchant collectivement à se relever. Dans *« Abolir les injustices, l'emporter sur le crime : retour sur les sources de la solidarité européenne »* (Honneth, 2020, p. 159-187) Honneth remarque en effet que les « désastres moraux » (*ibid.*, p. 172) que furent les guerres de religion, l'exploitation du prolétariat, la colonisation, et la *Shoah* ont été en ce sens plus fédérateurs que n'importe quel événement heureux de l'histoire occidentale (*Cf. ibid.*, p. 163-174). Ce que les peuples d'Europe endurèrent là consistait aussi bien dans l'atrocité des

1 Butler, 2014, p. 66.

crimes commis que dans l'épreuve douloureuse des tensions morales prometteuses de leur résilience. À l'image des crises vécues au sein de la famille (*ibid.*, p. 163) ce que certains avaient déchiré ou anéanti chez d'autres, comme d'ailleurs en eux-mêmes, il fallait désormais, en effet, coopérer à le restaurer ensemble, en inventant une vie nouvelle. Honneth, qui avoue ne plus croire en l'universalisme socialiste pour promouvoir la solidarité en Europe, semble ainsi espérer en revanche les bénéfices d'un *New Deal* européen capable, à l'instar de ce que réalisa Roosevelt aux USA dans les années 1930, d'encourager notre confiance et d'instituer avec efficacité la redistribution ; ce du moins, à la condition expresse de parvenir à persuader les populations des pays riches de jouer le jeu (*ibid.*, p. 185-186). L'optimisme social que révèlent ces derniers indices repose selon nous sur deux éléments remarquables.

En premier lieu la confiance du philosophe reste assurément liée chez Honneth à la foi du praticien, foi encouragée par les preuves du succès thérapeutique de ce que nous avons appelé une *socio-iatrie*. Le constat de faits de vies sociales traumatisées et mutilées rencontre ainsi sans doute dans la perception de vies réussies une intuition de leur propre dépassement et ainsi de leur propre énergie salvatrice. Le philosophe, qui ne peut manquer de percevoir cela, nourrit ainsi en la matière un savoir comparable à celui du médecin qui, dans le combat journalier qu'il mène contre la maladie, n'ignore pas que la santé, qui n'est certes pas une réalité pour ceux qui sont encore ses patients, ne saurait cependant consister dans une idée. C'est ainsi la réalité des phénomènes de reconnaissance et de liberté qui, à l'instar de la réalité de la santé vécue par les bien portants, autorise le philosophe à croire, de façon comparable à celle du médecin qui croit en la santé, à une relève possible d'une vie mauvaise dans une vie bonne.

Le spectacle de cette santé sociale aussi réelle que possible se reconnaît en effet dans les différentes sphères structurelles du corps social. C'est ce qui se passe lorsque des individus aimants et aimés se sentent confiants dans l'aptitude et la disposition des autres membres de la famille de pourvoir de façon bienveillante à leurs besoins. De la même façon, c'est ce que peuvent observer les individus qui, dans le regard attentif de ceux avec qui, ou de ceux pour qui ils travaillent, puisent la dignité qu'ils ont à prendre part à cette activité. Ce sentiment-là encourage une disposition à la coopération qui va d'ailleurs bien au-delà du seul monde du travail et s'étend à toute la sphère des échanges dans ce qu'il est convenu de concevoir, depuis Hegel, comme la sphère de la société civile. Le fondement effectif de l'optimisme social peut enfin se retrouver dans la vie des habitants d'un État démocratique dont les lois, prévenant tout risque de despotisme, sont faites pour s'assurer que « les membres de la société [...] sont égaux en droits, non contraints, et conscients de leur statut dans la formation de la volonté publique[2] . » Lorsqu'il s'agit de penser la reconnaissance et la liberté sociale, l'effectif dicte ainsi la ligne de progression du réel qui, pour cette raison même, ne saurait se résumer au sens strict de ce dernier[3].

Il reste cependant que cet argument logique, à proprement parler dialectique, au sens hégélien du terme, qui veut en l'occurrence que les dénis de reconnaissance et de liberté n'apparaissent pas comme des suppressions pures et simples de ces dernières mais comme l'épreuve cruciale de leur dépassement, appelle une vérification empirique. Qu'est-ce qui nous autorise en effet à fonder l'espoir du philosophe, autrement dit à attester qu'il y a bien corrélation et non pas simple juxtaposition[4] entre des vies épanouies et des vies aliénées ? Où Honneth repère-t-il des indices tangibles propres à justifier l'optimisme que nous lui prêtons ? Si, d'ailleurs, progrès social il y avait que nous pourrions observer, qu'est-ce qui pourrait nous laisser penser que nous pourrions en être responsables ? Les améliorations sociales pourraient tout aussi bien, en effet, être les fruits du hasard. Si tel était le cas le projet socio-iatrique d'Axel Honneth, à l'instar sans doute de la philosophie sociale elle-même, ne serait qu'un leurre. Honneth semble apporter une réponse somme toute satisfaisante à la première question dans *Le droit de la liberté*, en recourant aux indices objectifs trouvés dans l'art et dans l'histoire.

L'art tout d'abord, dans ce domaine Honneth se réfère d'ailleurs de manière quasi exclusive à la littérature et au cinéma, joue selon lui le rôle de catalyseur d'une conscience sociale de phénomènes qui demeurent

2 Honneth, 2015b, p. 508.

3 À propos de la différence entre le réel et de l'effectif, ainsi que sur la valeur sociale de l'effectif chez Honneth, voir le paragraphe consacré à *la liberté sociale* dans le chapitre 1 de *Le sens social de la liberté* (*ibid.*).

4 Hume fondait lui-même explicitement son scepticisme sur le constat, qui pourrait bien apparaître décourageant pour notre affaire, que l'idée que « les mêmes motifs produisent toujours les mêmes effets » repose sur une confusion entre *conjonction* d'événements dans le temps et *nécessité* dans leur rapport de production, confusion entretenue par notre seule croyance (Hume, 1982, p. 99).

inobservables à fleur des faits sociaux dans leur aspect vif, et donc brut. Axel Honneth montre ainsi notamment qu'en rendant visible ce qui est véritablement pathologique dans les pathologies de la liberté juridique comme dans les pathologies de la liberté morale[5], l'artiste propose aux lecteurs et aux spectateurs contemporains les moyens sentimentaux et conceptuels de relever leurs propres traumatismes. L'espoir demeure ici, en effet, que tout parent séparé de son compagnon ou de sa compagne, et luttant pour la conservation de son autorité parentale, puisse par exemple prendre conscience, devant le spectacle de la mutilation sociale que Ted Kramer s'inflige à lui-même tout en l'infligeant à son entourage[6], qu'en l'occurrence, le droit se moque du droit dès qu'il n'est plus orienté par l'amour. De la même façon, l'individu prêt à tout pour (se) faire justice, pourra sans doute percevoir dans le personnage de Frederick Winterbourne une image de sa propre aliénation[7]. Pour être surmontées, les pathologies de la liberté et de la reconnaissance doivent en effet être pensées dans ce qu'elles impliquent comme mode de vie, comme de manière générale à partir de ce qu'elles font à la vie. Or le propre de l'art est précisément de rendre manifeste cette conciliation extraordinaire du sens et du sensible.

Honneth suggère-t-il alors que les individus jouissant d'une culture esthétique, ou du moins les individus chez qui l'on aura entraîné une disposition à goûter les œuvres d'art, demeurent d'autant plus engagés à lutter pour la reconnaissance et la liberté ? La chose à vrai dire semble probable lorsqu'on considère l'intérêt et l'utilité que ce dernier accorde aux expériences littéraires et cinématographiques. Cette suggestion osée présente au moins l'avantage de soulever ou de reposer la question cruciale de l'accès à l'art, de sa diffusion et de sa publicité, et ce tout particulièrement pour les individus qui en auraient sans doute le plus besoin, ceux dont les vies sont les plus précaires et les plus fragiles, de fait marginalisées par rapport à la vie culturelle. Si l'on considère cela, suggérer que les pratiques culturelles sont des pratiques sociales

---

5 *Cf.* Honneth, 2015b, p. 136-149, et p. 178-189. Voir, sur ce point, dans notre premier chapitre, la section consacrée aux « nuisances de la liberté ».

6 *Ibid.*, p. 143 *sq.* Honneth reconnaît ici dans le personnage masculin principal du film *Kramer contre Kramer*, réalisé par Robert Benton en 1979, une allégorie des pathologies de la liberté juridique.

7 *Ibid.*, p. 183 *sq.* Il s'agit ici du héros du roman de Henry James *Daisy Miller*, exemplaire, selon Honneth, des pathologies de la liberté morale dans leur capacité prodigieuse à dévaster le monde.

libératrices et justes devrait sans doute inviter nos élus à enrichir leur réflexion sur les enjeux sociaux essentiels d'une politique culturelle. Si l'art est capable d'aider ceux qui souffrent d'une vie mauvaise à mener une vie bonne, il ne saurait être un accident. Bien au contraire, chacun devrait se persuader que l'art est un besoin nécessaire dont nul ne saurait se passer. Certaines tentations, voire certaines décisions, qui vont aujourd'hui à l'encontre de ce que nous comprenons ici, semblent en ce sens mettre dangereusement en péril toute chance de garantir aux individus une vie réussie. Aucune crise ne saurait légitimer, par exemple, sans mûre réflexion de ce que cela implique, une contention drastique, voire une suppression des subventions accordées par l'État ou par les collectivités territoriales à l'initiation artistique (visite de musées, audition de concerts, séances de théâtre, etc.) à destination de nos enfants. On pourra légitimement se demander de quelle façon des écoliers qui trouvent assurément là, quand la chose est possible, pour beaucoup d'entre eux un accès rare, pour ne pas dire le seul à l'art, peuvent se persuader, dans les cas où ce droit à la culture leur est refusé ou retiré, aujourd'hui comme demain, que les émotions, et tout particulièrement les émotions douloureuses qui font le quotidien de leurs vies, peuvent être comprises, universellement communiquées, apaisées, et ainsi surmontées. L'émotion esthétique va en effet de pair avec une conscience esthétique, et produit ainsi une conscience sociale sur laquelle Axel Honneth semble fonder l'espoir de prochaines guérisons sociales.

L'histoire apparaît enfin chez Honneth comme un complément de l'art, propre, lui aussi, à nous fournir les indices d'un optimisme social. Dans une perspective étrangère à la philosophie de l'histoire, au sens où l'on entend traditionnellement sous ce concept une interprétation déterministe ou téléologique des événements humains passés, Axel Honneth a souhaité en effet remonter le cours du temps dans le but de nous faire apercevoir l'efficacité croissante de leviers remarquables de la liberté sociale. Cette enquête consiste plus précisément à révéler les étapes historiques décisives de la genèse de « l'espace public démocratique » (*« Demokratische Öffentlichkeit »*)[8] compris comme « espace public qui permette à l'opinion politique de se former librement dans l'échange discursif » (*ibid.*). Pour ce faire, Honneth se lance alors dans une reconstruction « cursive » de la « série de transformations sociales, politiques et juridiques » qui ont

8 Honneth, 2011, p. 474 *sq.*, Honneth, 2015b, p. 395 *sq.*

finalement conduit à l'expression institutionnelle du « principe démocratique général » tel que nous le connaissons aujourd'hui désormais en Europe occidentale[9]. Ce voyage à rebours du temps et de l'histoire, qui nous parle aussi bien de l'échange bouillonnant des idées progressistes dans les cafés parisiens de la fin du dix-huitième siècle que du rôle pratique décisif des associations et des corporations, prend ainsi aussi bien la forme d'un périple à travers les idées que celle d'un périple à travers l'action. Ce qu'Axel Honneth projette de mettre ici en évidence, c'est le progrès qu'il y eut dans l'effectuation d'un équilibre intellectuel et vital, susceptible de juguler deux excès inverses, tout aussi intolérables l'un que l'autre : d'une part, une tendance égoïste à tirer la liberté à soi, et, d'autre part, une disposition à subir, bon gré mal gré, le diktat de ce que Hegel appelait la « substance éthique » ou la « substance politique ». C'est en apercevant percer ce rayon de soleil entre les deux orages des totalitarismes capitaliste et communiste qu'Axel Honneth voudrait aujourd'hui lancer un « appel aux armes » comparable au « *call to arms* » lancé en son temps par Roosevelt[10]. Le philosophe, inspiré par les voix du passé, interpelle ainsi son temps dans l'espoir de jeter les fondements d'un nouveau contrat social capable d'associer avec confiance les individus et les États pour coopérer à une redistribution plus équitable de nos richesses. L'histoire, à l'instar de l'art, autorise ainsi le philosophe à l'optimisme, pour autant qu'il peut y reconnaître, tout en tentant de nous en persuader, le succès grandissant de la discussion et de la coopération entre individus. Il s'agit ainsi, selon Axel Honneth, de poursuivre les efforts inaugurés dès 1950 où la forme de l'Europe commençait à voir le jour, et où il semblait déjà acquis que « le processus discursif d'autocontrôle normatif du continent européen passerait dans le cadre réglé d'un dialogue sous pilotage centralisé, mais coextensif à tous les citoyens européens – et non au gré des dissensions et des disputes incoercibles sur les alternatives susceptibles de faire progresser la civilisation européenne[11]. »

Il reste que pour fonder cet optimisme que nous prétendons reconnaître comme un trait essentiel de la philosophie d'Axel Honneth, la question de savoir si nous sommes responsables de ces progrès reste cependant une question décisive. Si, en effet, la promotion de l'espace

9 *Ibid.*, p. 475, p. 396.
10 *Cf.*, Honneth, 2020, p. 186.
11 *Ibid.*, p. 180.

public démocratique n'était qu'un accident de l'histoire, quelque chose de purement contingent, plus rien n'encouragerait dès lors le philosophe à croire au progrès de la liberté sociale. Honneth, qui ne peut se résoudre à accepter pareille hypothèse, sans ignorer toutefois que la chose ne serait pas, en-soi, absurde, préfère affirmer que ceux qui acceptent de penser et d'agir peuvent être responsables du progrès de la liberté sociale, à la condition expresse, toutefois, de s'efforcer de développer une coopération historique et épistémologique élargies. La promotion de la liberté sociale dépend donc d'abord grandement de notre aptitude à engager et à entretenir la discussion avec les penseurs du passé, qui ont toujours, selon lui, quelque chose à nous enseigner sur notre présent. Elle dépend enfin, de la disposition des différentes sciences à coopérer entre elles, de façon à enrichir le contenu conceptuel de notre réflexion sur la société moderne. Honneth, comme nous avons déjà eu l'occasion de le souligner, n'est manifestement pas oublieux d'une tradition tenace au sein de la théorie critique, qui a toujours su faire dialoguer philosophie, psychologie, psychanalyse, sociologie, histoire, sciences économiques et politiques.

La confiance de pouvoir guérir les pathologies sociales, fondée sur l'efficacité de l'art à éveiller nos consciences, se trouve confortée, enfin, par les indices historiques et épistémologiques de promotion de la liberté sociale. Ce qui peut ainsi encourager le philosophe social à l'optimisme. Axel Honneth souhaite cependant manifestement ne pas se satisfaire de ces indices. C'est pourquoi il recherche dans une refonte de la théorie de la normativité les raisons les plus profondes de nous redonner confiance dans les chances que peut avoir notre société de progresser sur le terrain de la reconnaissance et de la liberté.

LE FONDEMENT NORMATIF DE LA PHILOSOPHIE SOCIALE

Notre époque serait-elle une époque post normative ou du moins une époque de crise de la théorie normative ? La recherche dans ce domaine serait en effet devenue stérile et donc vaine. Si ce n'est pas le cas il semblerait, du moins, que l'on cherche à nous en persuader. Dans

Le point de vue de nulle part[12] Thomas Nagel semblait d'ailleurs avoir pris acte de cette crise de la normativité en indiquant ce qu'elle pouvait signifier pour chacun d'entre nous. Il s'était efforcé de montrer en effet qu'aujourd'hui l'individu serait devenu incapable de se détacher de son point de vue particulier. Si bien que, désormais interdit d'apercevoir selon une perspective transcendante et holiste les conditions de son orientation pratique, il ne pourrait faire autrement que d'accepter que son sort soit nécessairement lié au sort du monde. Or en dépit de la frilosité du siècle à prendre en charge une réflexion sur les raisons pratiques, la philosophie sociale ne laisse pas de proposer un discours normatif original dans l'intention d'améliorer nos vies. Axel Honneth, qui s'attache à réfléchir sur l'état actuel et sur l'évolution de notre société ne néglige ainsi pas d'animer l'analyse sociale qu'il nous propose par une théorie de la normativité. Philosophie sociale et reconstruction normative participent ainsi chez ce dernier d'un même geste qui éclaire la tradition normative d'un côté, la tradition sociale de l'autre, d'un jour nouveau.

Nous avions déjà fait remarquer, au début du chapitre précédent, que la comparaison avec la sociologie durkheimienne ne pouvait manquer, du moins au premier abord, de se faire. Honneth partage en effet avec Durkheim, de la même façon qu'avec Claude Dubar et Robert Castel, fréquemment cité dans son œuvre[13], l'idée que la société moderne, du fait que ses institutions ne jouent plus leur rôle d'intégration, devient une société malade qui demande à être soignée. Ce qui nous avait permis de repérer chez Durkheim une orientation thérapeutique nécessaire de sa sociologie en direction du développement de la « solidarité organique ». Honneth salue ainsi les efforts consentis par Durkheim « pour satisfaire cette exigence [et donc par exemple pour penser l'urgence de] (...) pouvoir, à partir de chaque poste de travail, reconnaître les relations coopératives qui lient la tâche propre à celle de tous les autres salariés[14]. »

Cela dit, de la même façon que nous avions reconnu qu'Axel Honneth se détachait de Durkheim sur la question de l'identification et, pourrait-on

12 Nagel, 1993.

13 En ce qui concerne Robert Castel uniquement, on répertorie six références dans *Le droit de la liberté*, avec notamment un commentaire précis de la façon dont ce dernier a contribué à penser les conditions modernes du développement des luttes contre l'exclusion, en particulier dans le monde du travail, en contribuant à une redéfinition de la notion de « prolétaire » (Honneth, 2015b, p. 377-378).

14 Honneth, 2013b, p. 275.

dire, de la considération des malades, qui ne sauraient selon lui, à la différence de ce que propose la sociologie durkheimienne, être reconnus à travers des catégories sociales, il semble se distinguer de nouveau de Durkheim dans ses fins et ses intentions. Le fait est, selon Honneth, que les racines de la sociologie durkheimienne restent en effet strictement thérapeutiques sans être normatives. Ce qui ne devrait pas nous étonner pour peu qu'on se rappelle que Durkheim avait pris l'habitude de rabattre la question de la norme sur le critère de la santé recouvrée, d'un équilibre métabolique restauré dans l'état où on pouvait le trouver avant la maladie. Ce dernier indiquait en effet :

> (...) si le désirable, c'est la santé, et si la santé est quelque chose de défini et de donné dans les choses (...) le terme de l'effort est donné et défini du même coup. Il ne s'agit plus, précisait Durkheim, de poursuivre désespérément une fin qui fuit à mesure qu'on avance, mais de travailler avec une régulière persévérance à maintenir l'état normal, à le rétablir s'il est troublé, à en retrouver les conditions si elles viennent à changer[15].

Étant donné que ce qui doit être n'est pas autre chose que ce qui était, les règles de la méthode sociologique refusent ainsi l'idée même d'un progrès dialectique où Z ne signifie pas un retour à X obtenu par la suppression de Y compris comme non X. L'absence d'intention qui pourrait aller au-delà de la simple réactivation des fonctions d'intégration reconnues de l'organisme social, faisait d'ailleurs craindre à Durkheim de passer pour un matérialiste, ce dont il tentait de se défendre de la manière suivante :

> (...) parce qu'on est habitué à se représenter la vie sociale comme le développement logique de concepts idéaux, on jugera peut-être grossière une méthode qui fait dépendre l'évolution collective de conditions objectives, définies dans l'espace, et il n'est pas impossible, regrettait-il, qu'on nous traite de matérialiste[16].

Matérialiste ou pas, force est de constater en tout cas que le positivisme durkheimien excluait la question de la normativité. De sorte qu'Axel Honneth, en réactivant, *a contrario* de la sociologie durkheimienne, une réflexion sur ce que devrait être la vie sociale, vie toujours vulnérable puisqu'essentiellement vulnérable, propose une orientation éthique originale. À ses yeux en effet la vie sociale des individus ne doit pas seulement

15 Durkheim, 1967, p. 74.
16 *Ibid.*, préface, p. VIII–IX.

présenter la garantie de ne pas être traumatisée ou mutilée, mais doit aussi inciter les individus qui la mènent à puiser l'énergie nécessaire à assumer pleinement leur vocation pour la liberté et pour la reconnaissance. La volonté d'accorder un fondement normatif à la philosophie sociale, volonté absente de la sociologie durkheimienne, révèle ainsi le caractère inédit et original du projet de Honneth. Cependant pour ce faire, loin de vouloir poursuivre la tradition des théories normatives ayant existé, ce dernier développe son projet sous la forme d'une discussion critique avec la tradition de la philosophie pratique.

Lorsqu'on considère ce travail critique il saute d'abord aux yeux qu'Axel Honneth commence par contester les solutions déontologistes et conséquentialistes, jugées toutes deux obsolètes et susceptibles, *in fine*, d'entretenir notre désespoir. Il faut considérer, pour commencer, que dans le contexte d'interactions sociales élargies qui fait que l'action de l'individu se trouve nécessairement inscrite dans un réseau d'influences et de conséquences d'une complexité inédite, il devient désormais impossible à celui-ci d'estimer de façon satisfaisante la corrélation qui se tisse entre ses propres choix et les événements du monde. Cependant il demeure au moins tout aussi improbable que les acteurs sociaux réussissent à diriger leur vie en interrogeant les devoirs qu'ils pourraient considérer avoir envers eux-mêmes. Dans ces conditions la solution déontologiste que nous prêtons d'habitude à Kant comme aux penseurs libéraux, qui consistait à ramener la question pratique à la question « Que dois-je faire ? », si elle était maintenue, conduirait aujourd'hui à nous faire désespérer de nos capacités à produire la justice et la liberté. La réponse à la question de savoir ce que nous devons faire, elle-même conditionnée par la question de savoir ce que nous pouvons faire, appellerait en effet fort probablement des réponses du type : « Rien du tout ! » ou, du moins, « Pas grand-chose ! ». À l'heure à laquelle la notion même d'activité n'a aucun sens lorsqu'on la comprend de façon absolue, séparée de la notion d'interactivité, pour ne rien dire du sens moral de l'action au sens où Hegel la définissait comme « l'expression-extérieure de la volonté en tant que *subjective* ou *morale*[17] », chercher à résoudre la question de la normativité selon une méthode déontologiste devient complètement illusoire.

C'est cette illusion qu'Axel Honneth a voulu dénoncer en faisant le procès d'une volonté de faire justice qui ne reposerait que sur la seule

17 Hegel, 2013, p. 265.

intention d'un sujet désengagé du réseau social terreux qui fait sa vie. C'est ce qui marque l'échec, selon lui, de ce qu'il appelle la « liberté réflexive ». Dans le contexte d'une liberté ainsi envisagée, Honneth remarque en effet que « le sujet y est simplement représenté, de façon purement externe, comme un sujet libre, sans que soit prise en considération la question de savoir si les intentions qu'il réalise satisfont elles-mêmes aux conditions de la liberté[18]. » Le droit de la liberté ne saurait en effet être le droit de la personne morale, qui fonde sa conception de ce qui est juste sur la seule représentation intime de ce qui lui parait être juste. Ce ne saurait d'ailleurs pas plus être l'affaire du droit du bourgeois, qui fonde sa conception de la liberté sur sa propre capacité juridique à se rendre propriétaire de tel ou tel bien qu'il pourra échanger par la suite.

Cependant, si le type de normativité proposée par les théories déontologistes conduit aujourd'hui à l'impasse, on ne peut toutefois pas plus compter, selon Honneth, sur les théories conséquentialistes pour penser les conditions d'une réflexion normative juste et efficace. À l'inverse de ce que nous venons de voir dans la posture déontologiste, les thèses conséquentialistes risquent en effet d'encourager le sentiment que la justice ne relève pas, pour les individus que nous sommes, d'un possible impliquant notre seule liberté subjective, engageant notre responsabilité individuelle. Le fait est que dans ces conditions nous pouvons ainsi être tentés de penser que le cours du monde ne dépend pas de nous, qu'il serait d'ailleurs prétentieux de vouloir nous octroyer le mérite de la justice qui s'y produit, comme déraisonnable de nous voir blâmés pour les injustices dans lesquelles le monde s'abîme. Ce à quoi il faut sans doute ajouter que le bien-être dont nous pouvons jouir en usant de nos droits juridiques effectifs, nous dissuade, dans le même sens, de projeter de nouvelles intentions dont le succès peut apparaître des plus risqués. Les thèses conséquentialistes, qu'on repère en général chez les partisans de l'utilitarisme, présentent ainsi le risque de pousser les individus dans l'impasse d'une reconnaissance en trompe l'œil. Lorsque par exemple nous nous interdisons, ou au contraire nous autorisons, de faire ceci ou cela en observant simplement nos chances d'être loués ou blâmés pour cela, Honneth note alors que « c'est quelque chose d'autre (que la reconnaissance) qui est visé quand nous parlons de reconnaissance[19]. »

18 Honneth, 2015b, p. 60.
19 Honneth, 2020, p. 121.

Ainsi l'anticipation de l'éloge ou du blâme qui nous pousse, selon Mill, à ne rien faire qui puisse « déplaire à nos semblables[20] » n'est-elle satisfaisante ni moralement ni du point de vue d'une reconnaissance inspirée de l'éthicité hégélienne. Le rapport de moi à l'autre ou aux autres, simples moyens utilisés à la seule fin de l'estime de soi, ne saurait en effet produire ici le sentiment d'« être, dans cet autre, auprès de soi-même » considéré par Honneth, à la suite de Hegel, comme la raison suffisante de la reconnaissance mutuelle[21].

L'optimisme social d'Axel Honneth semble donc corrélatif des défaites normatives subies par l'optimisme moral comme par l'attentisme ou le calcul conséquentialiste. Néanmoins ces défaites ne se présentent pas au regard du philosophe sous la forme d'un champ de ruines inerte et absurde. Elles orientent bien au contraire la philosophie pratique de Honneth en direction de ce qui pourrait faire son succès. Si, en effet, comme le remarque ce dernier, « l'action d'un acteur est d'une manière ou d'une autre incomplète tant que l'autre acteur n'a pas agi conformément à la norme à laquelle tous deux ont implicitement déjà adhéré dans leur reconnaissance mutuelle », alors, il faut considérer que « les intentions des sujets impliqués sont entrelacées d'une manière qui ne leur permet d'être formulées et menées à bien de façon parfaitement sensée qu'à la condition que ces sujets puissent compter sur la considération d'autrui[22]. » Honneth avoue ainsi que le succès d'une philosophie normative reste conditionnellement suspendu aujourd'hui à notre faculté de penser la liberté effective à partir de la vie intersubjective menée par des individus capables de reconnaître la liberté des autres comme une condition pratique, intellectuelle, et affective, de leur propre liberté. Reste désormais à mesurer la nature des embarras qui nous empêchent d'apercevoir clairement ces conditions.

20 *Ibid.*, p. 86.
21 Honneth, 2015b, p. 74.
22 *Ibid.*, p. 196.

LE PROBLÈME DE LA NORMATIVITÉ SOCIALE

L'élaboration d'une réflexion aboutie sur la normativité se heurte chez Honneth à un double obstacle conceptuel et historique. Conceptuellement d'abord, se représenter une raison des normes reste un véritable défi du fait que cela suppose d'évaluer en permanence l'épreuve d'une tension qui semble impossible à résorber entre la représentation et la vie. Historiquement enfin, Axel Honneth dit parvenir à reconnaître et à assumer les racines intellectuelles de sa propre pensée de la normativité tout en affirmant l'originalité de celle-ci. Cette dernière ne saurait en effet s'inventer *ex nihilo*. Si tel était le cas elle se heurterait aux objections et aux réserves graves qu'Axel Honneth lui-même avait exprimées à l'encontre de la liberté réflexive : le philosophe pourrait s'exposer aux risques que comporte l'essor d'une représentation purement subjective de ce qu'il serait bon de faire.

Le problème conceptuel auquel se heurte d'emblée Axel Honneth dans sa tentative d'élaborer une normativité sociale pourrait se résumer dans les termes suivants : Comment déterminer ce qui doit être (en l'occurrence la justice, la liberté, la reconnaissance) sans briser ou arrêter le cours de ce qui est ; autrement dit, sans se délier de sa propre vie sociale ? D'une part en effet, le besoin de normativité s'impose comme un besoin nécessaire pour relever une réalité sociale qui ne correspond pas *hic et nunc* à ce qu'elle devrait être. C'est par conséquent sur le diagnostic que des individus souffrent à la fois de ne pas être reconnus et de ne pouvoir se sentir libres dans leur vie, que se fonde, comme nous venons de le voir, l'appel social de la normativité. Il s'agit ainsi, en effet, de transformer une réalité sociale constellée de phénomènes d'aliénation subis par les individus. Honneth montre donc que ces phénomènes, qui vont du sentiment d'être méprisé à la souffrance liée au fait d'être indéterminé, interdisent ceux qui en sont la proie de reconnaître dans la liberté des autres la condition de leur propre liberté. De ce point de vue, le défi normatif apparaît clairement comme une tentative, en soi non problématique, de relever un état de crise de la liberté et de la justice, essentiellement créé, entretenu, et développé aujourd'hui par l'organisation capitaliste des échanges. Honneth se propose par conséquent, sans que cela semble faire problème, de supprimer et de remplacer une situation que Lukács avait déjà clairement aperçue au moment où il dénonçait « le caractère *contemplatif* de l'attitude capitaliste du sujet[23]. »

D'un autre côté, Honneth n'ignore pourtant pas que cette logique de l'émancipation comporte un risque épistémologique comme, surtout, un risque social. D'un point de vue épistémologique, le risque apparaît en effet dès lors que les normes se révèlent être des objets de connaissance ou de reconnaissance transcendants au monde de la vie. La logique des normes prendrait dans ces conditions la forme d'une logique transcendantale. De sorte que celles-ci, strictement contenues dans la représentation de celui qui les sait, ne pourraient plus désormais être comprises comme soutenant et orientant de façon immanente la vie des individus habitués à les pratiquer comme une seconde nature. La critique que Honneth adresse à Luc Boltanski et Laurent Thévenot (*Cf.* Boltanski et Thévenot, 1991) repose précisément sur la perception de ce risque épistémologique. Celui-là reproche en effet à ceux-ci d'ignorer les « faits normatifs[24] », autrement dit d'ignorer que la reconnaissance de ce qui doit être ne se distingue pas du vécu social lui-même. Le danger se trouve alors identifié ici dans « la tendance à liquéfier la structure morale du social », et d'obtenir ainsi « une société dépourvue de toute structure normative[25] . » Honneth veut donc montrer pourquoi il est nuisible que la pensée réflexive, en l'occurrence celle du sociologue, pose et garantisse institutionnellement les normes en lieu et place des acteurs sociaux que sont les individus vivant dans les sociétés. Refuser de réfléchir sur l'activité de ces derniers en reconnaissant dans cette même activité des pratiques normatives intériorisées, et donc quasi inconscientes, relève donc, selon Axel Honneth, d'une posture intellectuelle peu réaliste. Ce comportement est enfin et surtout dénoncé comme inefficace à penser les conditions d'une vie réussie. Dans son aspect social enfin, la promotion d'une théorie de l'émancipation, aussi nécessaire soit-elle, ne laisse pas de nous renvoyer au danger dénoncé par Honneth dans les analyses qu'il propose des pathologies de la liberté juridique et de la liberté morale[26]. Se représenter ce qui doit être ne doit pas en effet nous conduire à oublier

23 Lukács, 1960, p. 126.
24 Honneth, 2013a, p. 270.
25 *Ibid.*, p. 271.
26 *Cf.*, *infra*, note 5.

ce qui est, pas plus qu'à oublier le fait et la manière de notre immersion vitale dans ce qui est. Dans ces conditions, préférer la norme à la vie, ne saurait relever que d'une morale provisoire. Honneth montre en ce sens avec force qu'il nous est socialement et humainement défendu d'exister comme personnalité juridique ou comme personne morale.

Comment alors pouvons-nous comprendre que le devoir de justice sociale soit un idéal sans être simplement, pour autant, une idée ? Comment, pour le dire autrement, relever le défi de mener une vie bonne *dans* une vie mauvaise ? Ce défi normatif implique, chez Honneth, d'interroger les conditions de possibilité d'une éthique non coercitive, susceptible d'encourager les individus à coopérer, dans le vif de leurs échanges intersubjectifs à l'installation d'un espace public démocratique, librement pensé et librement vivable. Il est manifeste que l'élaboration d'une semblable réflexion s'est affinée chez lui à partir du moment où il a accepté de réviser ce qu'il avait d'abord pensé de l'institutionnalisme hégélien. Rappelons en effet qu'entre 2001, date de la publication de *Leiden an Unbestimmtheit*[27], et 2011, année où Honneth publie *Das Recht der Freiheit*[28], ce dernier est passé de scrupules exprimés envers un « institutionnalisme fort » repéré chez Hegel, à la lecture beaucoup plus bienveillante d'un « institutionnalisme faible[29] » pour reprendre les termes d'un débat sur cette question qui opposait Jean-François Kervégan à Dieter Henrich. À l'inverse de ce dernier, Kervégan avouait ainsi reconnaître, dans la pleine maturité de la philosophie du droit de Hegel[30], un institutionnalisme social susceptible d'inspirer celui que dessine aujourd'hui Axel Honneth.

Du constat amer qui poussait en effet Honneth à affirmer en 2001 que : « De l'idée d'un espace public politique, de la représentation d'une

27 Honneth, 2001, Honneth, 2008.

28 Honneth, 2011, Honneth, 2015.

29 L'expression fut employée par Dieter Henrich dans sa présentation d'une *Nachschrift* du cours de Hegel de 1819-1820 : « (…) la théorie de Hegel, écrivait Henrich, est un institutionnalisme *fort* : elle enseigne que la liberté de la volonté individuelle ne peut se réaliser que dans un ordre qui, en tant qu'ordre objectif, a lui-même la forme de la volonté rationnelle et qui, de ce fait, inclut entièrement en soi la volonté individuelle et la subsume sous ses propres conditions, même, précisait-il tout de même, si c'est sans aliénation. » Ce texte est cité, traduit, et commenté par Jean-François Kervégan, (Kervégan, 2007, p. 313).

30 Dans les deux textes précédemment indiqués, Honneth s'intéresse en effet au cours professé par Hegel à Berlin à la fin de sa carrière, cours publié en 1820 sous le titre : *Grundlinien der Philosophie des Rechts* (Hegel, 2000), qu'il est convenu de traduire en Français par : *Principes de la philosophie du droit* (Hegel, 2013).

formation démocratique de la volonté, on ne trouve, dans la doctrine hégélienne, pas la moindre trace[31] », on passe en effet dix ans plus tard à la satisfaction de voir que c'est au contraire « parce que l'aspiration à la liberté de l'individu ne peut être exaucée que dans le cadre des institutions, ou avec leur aide, (que) le concept "intersubjectif" de liberté s'étend aux yeux de Hegel (...) à un concept "social" de liberté[32] ». Honneth nous explique alors que chez Hegel, « le sujet n'est en fin de compte "libre" qu'à la condition de rencontrer, dans le cadre des pratiques institutionnelles, un vis-à-vis avec lequel nouer une relation faite de reconnaissance mutuelle. » (*ibid.*, p. 75-76). Ce qui fait qu'on se trouve désormais ici fort éloigné de la représentation d'un « libéralisme autoritaire (hégélien) qui reconnaît certes aux individus (compris en tant que citoyens dans "le rôle de sujets serviteurs de l'État"), comme l'avouait Honneth en 2001, tous les droits fondamentaux classiques, mais qui leur refuse toute participation à la mise en forme politique[33] ».

Les publications les plus récentes d'Axel Honneth révèlent ainsi ce qu'il faut bien considérer comme un institutionnalisme honnethien, aussi inattendu fut-il, institutionnalisme qui apparaît désormais comme l'instrument privilégié de son normativisme social. Ce dernier revirement, si l'on considère en effet que le rapport de défiance envers l'institution s'est finalement transformé en rapport de confiance, méritera d'être éclairé dans l'objectif de comprendre ce qui a finalement conduit Honneth, après avoir abandonné un temps Hegel, dont il avait semble-t-il achevé le travail de réactualisation en 2001, au profit de Marx[34], à revenir finalement à Hegel. Mais avant de nous engager plus précisément dans cette explication historique, il nous faut achever la présentation de la problématique conceptuelle que suscite le normativisme social d'Axel Honneth, non plus sur son versant épistémologique, mais désormais sur son versant pratique.

Comment, en effet, d'un point de vue pratique, l'individu peut-il faire des choix libres et justes, qui demeurent en même temps des choix inscrits dans sa vie sociale ? La solution normative à ce problème nous semble ici devoir être recherchée à un niveau théorique et à un niveau

31 Honneth, 2008, p. 127.
32 Honneth, 2015b, p. 75.
33 Honneth, 2008, p. 127.
34 Voir, en particulier « *La logique de l'émancipation. L'héritage philosophique du marxisme.* » (Honneth, 2013, p. 23-37).

empirique. Au niveau théorique tout d'abord, Honneth nous dissuade de penser nos raisons d'agir ailleurs que dans « (...) [les] institutions, (...) [les] pratiques et routines sociales (*sozialen Pratiken und Routinen*) (qui) reflètent les convictions normatives partagées par les membres de cette société à propos des objectifs de leurs rapports de coopération[35]. » Ce qui atteste d'abord que ce dernier se trouve non seulement averti de la différence que Hegel avait établie entre l'« éthicité » (*Sittlichkeit*), définie comme « *l'idée de la liberté* en tant que Bien vivant[36] » et « la vie éthique » (*sittliches Leben*), comprise comme pratique de la vie bonne selon une « coutume éthique (qui) constitue la substance de tous les individus singuliers, substance dont chacun d'eux sait la réalité effective et l'être-là comme sa volonté et son acte[37] ». Ce qui atteste ensuite qu'il assume complètement cette articulation entre les deux concepts hégéliens, en forçant le trait sur l'importance du caractère normatif de la vie éthique. Il note ainsi :

> Hegel, dans sa « Philosophie du droit », montra que, de la grande diversité des formes de vie éthiques [*sittlicher Lebensformen*], seules pouvaient être intégrées au concept de « *Sittlichkeit* », d'éthicité, celles dont il pouvait être avéré qu'elles contribueraient à l'effectuation (c'est nous qui retraduisons ici le terme *Verwirklichung)* des valeurs et idéaux universels des sociétés modernes[38].

La liberté sociale, pour autant qu'elle recouvre ici le sens d'une liberté effective, trouve ainsi légitimement dans la vie éthique son horizon normatif légitime.

Ce réglage théorique, censé aider le philosophe à concevoir ce en quoi le terrain des choix pratiques ne saurait être différent du terrain de la vie sociale elle-même, commande désormais que nous réfléchissions à des situations empiriques dans lesquelles s'exercent ces choix et ces actes. Cette réflexion, comme nous avons déjà eu l'occasion de le souligner, se trouve tout particulièrement développée dans les pages qu'Axel Honneth consacre, dans *Le droit de la liberté*, aux formes pathologiques de la liberté. Ce que ce dernier cherche ici à souligner c'est que la normativité comme question empirique prend la forme, pour les individus que nous sommes,

35 Honneth, 2011, p. 19-20, Honneth, 2015b, p. 20.
36 Hegel, 1986, § 142, p. 292, Hegel, 2013, p. 315.
37 Hegel, 2006, p. 580.
38 Honneth, 2015b, p. 25, Honneth, 2011, p. 26.

autrement dit pour des individus inscrits dans un réseau vital intersubjectif, d'une crise de la décision. Ces situations, dans lesquelles nous sommes en général pressés de faire des choix, recouvrent alors toujours l'aspect d'un conflit intérieur que nous éprouvons ordinairement sous la forme de crises de conscience. Celles-ci s'accompagnent toujours du sentiment d'une errance aporétique de la délibération.

Comment, par exemple, régler en père aimant et en ex époux courtois, la question d'un droit de garde qui nous oppose à celle ou à celui qui partageait notre vie mais que désormais nous n'aimons plus ou qui ne nous aime plus ? Cette situation s'envenime d'ailleurs lorsqu'on s'aperçoit que l'individu dont on se sépare conteste, en nous conduisant sur un terrain juridique, notre aptitude à prendre soin de nos enfants en dénonçant notre droit, qui tient alors à l'expression de notre liberté sociale, de rester attaché à eux. Que signifie prendre une décision juste lorsqu'il s'agit, c'est une autre situation de crise de la décision à laquelle pense Axel Honneth, d'assumer et de dénoncer à la fois, le fait d'un plagiat que nous ne pouvons plus ignorer, commis par un collègue et ami ? Ces situations conflictuelles indiquent à chaque fois que le problème de savoir ce que nous devons décider ne saurait en aucun cas se résoudre en choisissant un côté ou un parti contre, ou au détriment, d'un autre. Lorsque l'ex-mari cherche à gagner au détriment du père, ce qui est le cas de la situation imaginée par Robert Benton dans *Kramer contre Kramer*, ou encore lorsque le justicier intègre cherche à gagner au détriment de l'ami et du collègue, Honneth nous montre alors que cela conduit à la posture d'un sujet schizophrène[39] désarrimé de sa propre vie. Dans ces conditions le salut normatif ne dépend plus alors que de la disposition et des capacités propres à l'individu de relever des situations d'injustice sans mettre en péril un réseau intersubjectif seul capable de garantir un socle objectif et vivant à la liberté sociale et à la reconnaissance.

39 On peut ici, en effet, penser avec intérêt à l'analyse que Žižek propose d'une telle posture du sujet, qui se rend alors capable, dans ces conditions, de ce qu'il nomme un « retrait psychotique [hors] de la réalité » ou encore d'un « retrait de soi dans la "nuit du monde". » (Žižek, 2007, p. 85-86).

DES RACINES ET DES AILES

Les difficultés conceptuelles auxquelles Axel Honneth se heurte pour penser la question de la normativité sociale, difficultés dont nous venons de voir qu'elles s'expriment à la fois de façon théorique en rappelant qu'on ne peut pas dissocier la réflexion sur la norme de notre inscription dans la vie, ainsi que de façon pratique puisqu'il s'agit d'assumer toute la complexité de ce que suppose subjectivement la prise de décision, impliquent en même temps un problème historique. Ce dernier est en effet directement lié au problème que nous venons d'exposer. L'évolution de la réflexion d'Axel Honneth sur la question de la normativité témoigne en effet de sa difficulté à assumer la tension entre le besoin d'émancipation, que ce dernier repère dans les écrits du jeune Hegel, et le besoin de sécularisation, tel qu'il suscita l'intérêt de Hegel dans sa philosophie du droit de 1820. Les deux pôles extrêmes de cette tension suggèrent donc une expression historique de la question de la normativité chez Honneth. Cela paraît évident lorsqu'on observe que ce dernier se trouve tiraillé, selon des injonctions contradictoires, entre une tendance à suivre le chemin suggéré par le jeune Hegel et Marx, et une tendance inverse à suivre le Hegel de la maturité. Sa pensée se trouve ainsi tentée de se développer sous la forme d'une éthique de la lutte, invitant les sujets que nous sommes à affirmer le droit de leur propre volonté contre la situation de se voir exploités par la volonté des autres. Mais elle se trouve aussi bien tentée de se développer sous la forme d'une réflexion sur l'éthicité et la vie éthique qui légitimerait un « droit du monde[40] » *a contrario* de ce que serait le droit du seul sujet. Cette oscillation se dessine d'ailleurs de façon assez manifeste selon un glissement de l'importance accordée à ce

---

40 Nous comprenons ici l'expression « droit du monde » au sens où Jean-François Kervégan l'a utilisée pour montrer en quoi l'esprit objectif hégélien impliquait une normativité suggérée par la vie sociale elle-même, rendant ainsi possible la liberté des individus. Le droit du monde est ainsi porté par le sens du monde, que Kervégan définit alors comme « un monde d'intersubjectivité, ou plutôt un monde au sein duquel la subjectivité se constitue pratiquement dans son double rapport à d'autres subjectivités (avec lesquelles elle est engagée dans un complexe jeu de reconnaissance) et à ce "donné" qui est toujours là (il s'agit ici des institutions de la famille, de la société civile, et de l'État), mais qui pourtant n'*est* que par elle(s). » (Jean-François Kervégan, *Le « droit du monde ». Sujets, normes et institutions, in Hegel penseur du droit*, *Cf.* Kervégan, 2004, p. 31-46).

premier aspect en 1992 (l'année de publication de *Kampf um Anerkennung*) à l'importance désormais accordée au second aspect en 2011 (l'année de publication de *Das Recht der Freiheit*). L'évolution de la pensée de Honneth nous semble d'ailleurs essentiellement marquée par ce glissement plus que par une prétendue transition, qu'a vrai dire nous n'observons pas, entre une théorie de la reconnaissance et une théorie de la liberté sociale.

Du commentaire que Honneth propose du sens du crime dans le *Système de la vie éthique* de 1802[41] à la façon dont il met en évidence, à partir des textes de la *Philosophie de l'esprit* 1805, que « l'obligation de reconnaissance mutuelle est un fait social déjà contenu dans l'état de nature[42] », ce dernier insiste sur la relation binaire conflictuelle opposant deux sujets, chacun luttant contre l'autre pour se défendre. Honneth déclare ainsi :

> (...) le sujet, atteint dans sa personne, ne peut réagir adéquatement qu'en se défendant contre son agresseur. Cet « effet en retour » du crime sur son auteur, sous la forme d'une réaction de défense de la part de la victime, constitue dans l'ensemble du processus la première série d'actes que Hegel désigne expressément par le concept de « lutte » : on voit ici s'engager entre deux sujets porteurs de droits, une lutte dont l'objet est la reconnaissance de leurs exigences respectives et divergentes[43].

L'analyse du crime, qui rappelle la mise en scène fameuse de la lutte selon laquelle Hegel imaginait en 1806[44] la confrontation du maître et du valet, fonde ainsi la raison d'agir dans une réaction. Il s'agit en effet, pour l'individu qui subit le double joug de la nature et de la volonté des autres, de refuser son état ordinaire d'exploitation et d'aliénation, de vouloir et de tout faire pour supprimer cet état. Ce qui implique de se confronter directement à ceux qui voient un intérêt à maintenir cette situation malheureuse. La lutte pour la reconnaissance devient ainsi la manière, le style propre de l'émancipation, dont aucune théorie de la normativité ne saurait faire l'économie. Marx écrit ainsi à son tour :

> En réalité pour le matérialiste *pratique*, c'est-à-dire pour le *communiste*, il s'agit de révolutionner le monde existant, d'attaquer et de transformer pratiquement l'état des choses qu'il a trouvé[45].

41 *Cf.* Honneth, 2000b, p. 30 *sq.*
42 *Ibid.*, p. 57.
43 *Ibid.*, p. 32.
44 Hegel, 2006, p. 201 *sq.*
45 Marx & Engels, 1970, p. 67.

On comprend alors pourquoi Honneth a souhaité saluer, dans *Un monde de déchirements*, ouvrage largement consacré à Marx, le talent selon lequel ce dernier associe « systématiquement les exigences d'une théorie de l'émancipation à l'objectif d'une analyse de la société[46]. »

Le philosophe de Francfort reconnaît ainsi chez Marx une « théorie de l'émancipation » dans un sens malgré tout différent de ce qu'il avait lu chez le jeune Hegel. Chez ce dernier en effet l'émancipation ne s'exprimait que comme droit moral, autrement dit seulement comme droit du sujet, fût-ce pour la revendication de sa propre intégration sociale. C'est pourquoi l'intersubjectivité chez le jeune Hegel apparaît insuffisante aux yeux de Honneth, qui accuse alors chez celui-là une tendresse coupable pour la philosophie de la conscience.

> S'il en est bien ainsi, écrit en effet Honneth, cela signifie que Hegel a payé le bénéfice de sa conversion à une philosophie de la conscience par le renoncement à une conception forte de l'inter-subjectivité[47].

L'appréciation est on ne peut plus claire et permet de comprendre que c'est la recherche d'une « conception forte de l'inter-subjectivité » qui a conduit Honneth à délaisser un temps Hegel pour relire attentivement Marx, notamment *via* Habermas[48]. La réflexion que Marx propose en effet du travail, pour autant qu'il ne se réduit pas à une activité individuelle ni à l'activité d'une communauté, permet en effet d'apercevoir nettement le problème et l'orientation normative de l'inter-subjectivité. Le fait est que Marx avait pu montrer en quoi les relations inter-subjectives qui ne se fondaient pas sur une coopération mais sur une division des pouvoirs entre individus, ne pouvaient conduire qu'à un état d'exploitation et d'aliénation. Honneth rappelle alors que pour Marx, « l'institution socio-économique de la propriété privée déforme (…)

46 Honneth, 2013b, p. 30.
47 Honneth, 2000b, p. 41.
48 Commentant l'apport de la « théorie sociale » de Habermas, Honneth écrit en effet : « (…), il est d'abord nécessaire de fonder la théorie sociale sur une *pragmatique universelle* c'est nous qui soulignons), qui, par une analyse des prétentions de validité contenues dans l'entente langagière, éclaircit les aspects de l'agir social qui sont susceptibles de rationalisation. » (Honneth, 2013b, p. 221). Honneth, sensible ici à l 'enquête conduite par Habermas pour rechercher une « inter-subjectivité forte », insiste en l'occurrence sur l'idée qu'elle ne saurait se trouver dans la philosophie de l'histoire, dont l'affaire reste la totalité du genre humain, ni dans le sujet individuel, qui n'aperçoit le rapport à autrui que sur le principe de sa représentation subjective.

[le] processus historique de développement des capacités et des besoins humains, non parce que les sujets qui travaillent ne sont plus libres de s'extérioriser à travers l'objectivation de leurs productions, mais plutôt parce qu'elle ne génère de la propriété matérielle que pour la classe oisive[49] ». Ce qui l'autorise, quelques lignes plus loin à citer Marx en évoquant « l'aliénation de soi, l'externalisation de l'être et la déréalisation de l'homme comme conquête de soi, manifestation de son être, objectivation et réalisation[50] ». Lorsqu'Axel Honneth rappelle ce en quoi consistent les pathologies sociales liées au travail chez Marx, il n'en propose cependant pas une lecture strictement marxienne, ni d'ailleurs lukácsienne. Ce qui aurait impliqué, sans doute, qu'il s'intéressât alors à la question de l'aliénation en tant que telle. Or Marx n'est manifestement pas lu dans cette intention-là. Il est visible en revanche, que c'est en pensant à Habermas que Honneth se propose de lire Marx. Il avoue ainsi assumer complètement la dissolution, opérée par Habermas, du « rapport catégoriel que Marx avait tenté d'établir entre travail social et processus d'émancipation[51] ». Dans ces conditions, Honneth peut alors finalement indiquer que :

> Le processus d'apprentissage normatif dans lequel les sujets prennent progressivement conscience, par l'intermédiaire de la coopération, des visées de l'intercompréhension ancrées dans l'agir communicationnel structuré socialement, engendre les principes moraux ayant pour visée de se libérer de la domination sociale[52].

L'éthique de l'émancipation se révèle par conséquent être ici un instrument normatif qu'Axel Honneth fait progresser à partir de la philosophie du jeune Hegel, où celle-ci n'excédait guère encore une structure subjective, morale, jusqu'à Marx, *via* Habermas, où l'émancipation devient désormais l'affaire d'une « inter-subjectivité forte ». On comprend dès lors comment il peut arriver que les phénomènes de coopération, qui peuvent d'ailleurs emprunter des figures historiques variées (syndicats, associations diverses, entre aide amicale, solidarité civile, etc.) deviennent une fabrique heureuse de l'espace social démocratique[53]. Mais c'est

49 *Ibid.*, p. 45.
50 *Ibid.*, citation extraite de Marx, 1968, p. 136.
51 Honneth, 2013b, p. 72.
52 *Ibid.*
53 *Cf.* Honneth, 2015b, p. 403 *sq.*

finalement dans le sens que Hegel accorde au concept d'éthicité dans sa philosophie du droit de 1820 que Honneth trouve un aboutissement de ce qu'il recherchait chez le jeune Hegel, chez Marx, et chez Habermas. La manière dont l'idée de liberté se sécularise comme « Bien vivant » dans les sphères sociales de la famille, de la société civile, de l'État, interdit en effet cette idée de rester enfermée dans la sphère déréalisée du « droit strict » où elle ne signifiait qu'un droit abstrait d'acquérir et d'échanger, aussi bien que dans la sphère déréalisée du droit moral où l'idée de liberté ne reposait que sur la certitude subjective du Bien. Honneth reconnaît ainsi chez Hegel une logique normative qui relève d'un besoin de socialisation, compris comme condition objective fondamentale, autrement dit comme condition effective, de la liberté. Qui plus est « la disposition d'esprit éthique[54] » que les individus s'attachent subjectivement à cultiver[55] en prenant un soin amoureux des autres dans la famille, en encourageant la coopération dans le travail et les échanges, en s'exerçant enfin au respect de la loi, met en évidence une pensée hégélienne très soucieuse d'une vie subjective tissée d'appels à la reconnaissance. Honneth ne pouvait alors qu'être séduit par l'intelligence d'une normativité sociale aussi complexe, susceptible de démontrer avec force que la « vie éthique », au sens où Hegel entend cette notion, devient la condition de la liberté subjective, et non l'inverse. C'est pourquoi il affirme :

> (...) un concept suffisamment complexe de la liberté individuelle doit être ainsi compris qu'il universalise ce cas particulier de l'amitié afin de parvenir à la structure communicationnelle d'un « être-auprès-de-soi-même-dans-l'autre » : nous ne sommes vraiment libres, précise alors Honneth, que là où nous parvenons à configurer nos inclinations et nos besoins de telle sorte qu'ils soient orientés en direction de l'universel d'interactions sociales dont l'effectuation peut quant à elle être exprimée comme l'expression d'une subjectivité illimitée[56].

La ressource normative que Honneth relève dans la philosophie du droit de 1820 lui parait inédite, pour autant qu'il prend ici la mesure

54 *Cf.* Hegel, 2013, p. 292, p. 333, et surtout p. 273.

55 Hegel note que l'intérêt et l'utilité de la disposition d'esprit éthique consiste à produire la liberté, au fil d'un « dur travail », sous la forme sociale d'un « vouloir devenu habitude. » (*ibid.*, § 268, p. 438).

56 Honneth, 2008, p. 56.

du changement qu'elle va déclencher dans l'élaboration de sa propre théorie de la normativité. Jusqu'en 2001[57] en effet, ce dernier semblait se satisfaire, mais ceci semble-t-il sans conviction véritable, d'une « inter-subjectivité forte » entendue comme fait communicationnel normatif. Or désormais l'entame d'un chantier de « réactualisation de la philosophie du droit de Hegel[58] » semble avoir persuadé Honneth, comme nous le soulignions, de substituer le social à l'inter-subjectivité. Ce que nous appelons ici « le social » désigne la découverte, célébrée par Honneth dans son texte de 2001, d'une normativité comprise comme obligation non morale et non juridique, faite aux individus, de prendre soin de leur propre vie tout en sachant prendre soin de la vie des autres.

Il reste cependant que cette normativité sociale que Honneth perçoit en 2001 comme essentiellement soutenue par la « disposition d'esprit éthique », autrement dit par la capacité et la volonté des individus de cultiver et de faire œuvre utile de leur sollicitude à l'égard des autres, devait paraître à ses yeux, particulièrement fragile. Ce que l'on peut d'ailleurs aisément comprendre. Comment en effet pourrions-nous nous sentir obligés par ce qui ne nous oblige pas, ni moralement ni juridiquement ? Comment, *a fortiori*, pourrait-on penser une telle obligation à propos de nos états d'âme, de nos inclinations, de nos sentiments qui comme l'on sait ne se commandent pas ? Que penser, dans ces conditions, de l'efficacité d'une normativité sociale lorsque l'amour s'éteint dans la famille, lorsque la confiance se tarit entre collaborateurs, lorsque la politique se moque du respect ? Comment, en de pareilles circonstances, la normativité sociale pourrait-elle ici obliger au lien social, à la prévention et à la bienveillance ? Le fait est qu'en 2001 Honneth estime encore que les solutions à de pareilles difficultés ne peuvent se trouver chez Hegel. La lecture du texte de 1820 laisse d'ailleurs entendre qu'en 2001 Honneth jugeait que Hegel, averti de la fragilité normative de l'éthicité, aurait regrettablement cherché à renforcer indûment sa théorie de la normativité à l'aide de contreforts intempestifs, empruntés pour une part à sa philosophie de l'esprit, pour une autre part à ses convictions institutionnalistes. Ainsi, la fluidité de la vie éthique, contenue par la

57 C'est l'année où Honneth publie pour la première fois un commentaire libre des *Principes de la philosophie du droit*, sous le titre : « *Leiden an Unbestimmtheit* » (*Les pathologies de la liberté*).

58 Telle est la traduction française du sous-titre accordé par Honneth à *Les pathologies de la liberté.*

« réalité effective de l'idée[59] », ne pouvait-elle trouver sa propre raison pratique que dans l'expression de « l'esprit objectif[60] ». De la même façon, Honneth dénonce en 2001 « la surinstitutionnalisation de l'éthicité[61] » qui aurait conduit Hegel en 1820, selon lui, à renforcer par exemple l'amour dans la famille par le tuteur institutionnel du contrat de mariage[62], ou à tenter de manière aussi naïve que réactionnaire « une disciplinarisation morale du marché capitaliste[63] ». Il ne faudrait pas, d'ailleurs, oublier d'ajouter à la liste des récriminations les lourds griefs que Honneth nourrit à l'encontre de l'État hégélien qui considère les citoyens comme des serviteurs de l'État, en les privant de toute participation active à la vie politique[64]. Il notait ainsi à propos des citoyens :

> (…) Hegel voit d'abord le rôle de sujets serviteurs de l'État. En ces endroits (du texte des *Principes de la philosophie du droit*), comme par exemple dans les paragraphes 257 et 260, se fait jour un libéralisme autoritaire qui reconnaît certes aux individus tous les droits fondamentaux classiques, mais qui leur refuse toute participation à la mise en œuvre politique. (…) [Hegel n'envisage ainsi] aucun lieu où les « citoyens » pourraient, au moyen de délibérations communes, s'accorder sur la façon dont les buts « universels » devraient être constitués. De l'idée d'un espace public politique, de la représentation d'une forme démocratique de la volonté, on ne trouve, concluait alors Honneth, dans la doctrine hégélienne de l'État, pas la moindre trace[65].

Cependant, comme nous l'indiquions tantôt, Honneth ne lit plus du tout de la même façon la philosophie du droit de 1820 dans le commentaire qu'il en propose en 2011. L'institutionnalisme hégélien, que ce dernier avait tant décrié en 2001 se trouve en effet désormais réhabilité dans son efficacité normative. Les institutions qui structurent symboliquement les différentes sphères sociales apparaissent ainsi désormais pour Axel Honneth comme une garantie de succès social, succès

59 Honneth rencontre au § 187 des *Principes de la philosophie du droit*, cité ici, de quoi alimenté sa critique (Honneth, 2008, p. 121.).

60 La philosophie du droit de Hegel de 1820 se traduit ainsi, comme la façon dont l'esprit reconnaît les institutions de la famille, de la société civile, de l'État, non pas comme de simples choses meublant le monde, mais comme étant, en même temps, ses propres productions.

61 *Cf.* Honneth, 2008, p. 106–128.

62 *Cf. ibid.*, p. 114.

63 *Ibid.*, p. 122.

64 *Ibid.*, p. 127, *sq.*

65 *Ibid.*, p. 127.

aussi subjectif qu'objectif. Subjectivement d'abord, l'institution devient le medium essentiel selon lequel les individus peuvent se sentir libres et reconnus. Honneth écrit ainsi :

> Ces institutions garantissent la capacité des sujets à reconnaître dans le comportement de leur alter ego les désirs dont la satisfaction conditionne leurs désirs propres. Mais, tient-il ici à préciser, parce que l'aspiration à la liberté de l'individu ne peut être exaucée que dans le cadre des institutions, ou avec leur aide, le concept « intersubjectif » de liberté s'étend aux yeux de Hegel, une nouvelle fois, à un concept « social » de liberté : le sujet n'est en fin de compte « libre » qu'à la condition de rencontrer, dans des pratiques institutionnelles, un vis-à-vis avec lequel nouer une relation faite de reconnaissance mutuelle[66].

L'institution, loin d'attiser la défiance de 2001, devient ainsi la condition *sine qua non* d'une liberté qui, à défaut d'assise institutionnelle, demeurerait « réflexive ». Ce qui, au sens où Honneth entend ici cette notion de « liberté réflexive[67] », signifierait que les individus ne seraient plus aptes à prendre des décisions en prise avec le contexte intersubjectif de leur vie sociale ; qu'ils seraient devenus oublieux de leur rôle social. De ce point de vue, on ne peut manquer d'apprécier la source d'inspiration que constitue pour Honneth la critique que Hegel dressait en 1820 de la liberté juridique comme liberté négative, formelle, et abstraite[68], ainsi que d'une liberté morale minée par l'hypocrisie[69]. Les pages qu'Axel consacre à l'étude des limites et des pathologies des libertés juridique et morale en 2011 ont manifestement leurs racines ancrées dans le texte hégélien.

Cependant Honneth ne se contente pas d'apprécier les avantages que l'institutionnalisme hégélien propose à l'élaboration de sa propre réflexion normative, sur le terrain de la subjectivité. Il y voit également, au regard de ce que signifie objectivement la liberté sociale, un intérêt et une utilité remarquables. Lorsqu'on considère en effet la liberté sociale dans ce qu'elle devrait être, il apparaît d'abord qu'elle ne saurait être sous une autre forme que celle d'une vie, ce qui exclut, comme nous l'avons montré, qu'elle soit détenue dans la représentation d'un simple vouloir. Dans la conception de la liberté sociale comme liberté effective

---

66 Honneth, 2015b, p. 75.
67 *Ibid.*, p. 53-70.
68 *Cf.* Hegel, 2013, § 38, p. 184.
69 *Cf. ibid.*, § 150, p. 295.

(Honneth parle de « *Wirklichkeit der Freiheit*[70] ») ce dernier assume ainsi la volonté hégélienne de comprendre l'éthicité comme un droit objectif et plus seulement comme un droit du sujet. La liberté n'existe ainsi pas ailleurs que dans des pratiques intersubjectives qui sont des pratiques de reconnaissance mutuelles, objectivement mise en œuvre comme s'il s'agissait d'une « seconde nature » (*Cf.* Hegel, 2013, § 4, p. 151). Néanmoins Axel Honneth devient ici manifestement sensible à l'idée hégélienne qu'il ne suffit pas, pour penser la « vie éthique », autrement dit chez Honneth la « liberté sociale », de voir réalisées dans nos vies nos intentions subjectives. Une vie ne saurait en effet être normativement anticipée, ou rétrospectivement commentée, selon une réflexion normative transcendante. Si tel était le cas la vie sociale ne serait qu'un fleuve, arbitrairement et vainement contenu par de dérisoires digues normatives. Pour que la liberté soit effective dans nos vies, il faut donc que les normes soient susceptibles de faire progresser la vie en prévenant les pathologies sociales et en cicatrisant les blessures infligées par celles-ci lorsqu'elles sont déjà installées. Dans cette logique, les institutions de l'éthicité hégélienne sont désormais perçues par Honneth comme des fonctions inhérentes à l'organisme social lui-même, capables de garantir la stabilité et la vitalité du tissu intersubjectif et de conditionner son auto cicatrisation en cas de blessure. « Les institutions doivent constituer, note ainsi Axel Honneth, des formes "coagulées de reconnaissance mutuelle" » (« *geronnene Formen der wechselseitigen Anerkennung*[71] »). La fonction coagulatrice des institutions de l'éthicité apparaît ainsi manifestement comme indispensable pour prévenir ou pour réparer les hémorragies susceptibles d'être causées par des liquéfactions du social. Honneth demeure par ailleurs tout à fait lucide quant aux contradictions inhérentes à ces coagulations institutionnelles dans lesquelles Hegel se laissait entraîner. Ainsi par exemple, à propos de la vie d'un ménage lié par l'institution du mariage, ce dernier peut à la fois soutenir que l'homme « ne doit pas valoir davantage que la femme », qu'il doit y avoir une « égalité de droits et de devoirs[72] », et affirmer que dans « l'ordre domestique », celle-ci doit se soumettre à son époux[73]. Honneth commente :

70 Honneth, 2011, p. 219, *sq.*
71 Honneth, 2015b, p. 88, Honneth, 2011, p. 101.
72 Cité *in* Honneth, 2020, p. 145. *Cf.* Hegel, 2013, § 167, p. 333-334.
73 *Ibid. Cf.* Hegel, 2013, § 166 et 167, p. 332-334, et Addition au § 166, p. 671-672.

> Le plus choquant dans ces formules, souligne-t-il alors, (…) ce n'est pas la monstrueuse misogynie dont elles témoignent de notre point de vue actuel, [c'est plutôt l'idée qu'] il ne semble donc pas y avoir de contradiction, aux yeux de Hegel, entre la subordination, décrite comme allant de soi, de la femme dans le mariage et sa relation fondée sur la reconnaissance réciproque avec son époux. Comme si les deux choses étaient indissolublement liées, cette relation est décrite ici comme une sphère de reconnaissance institutionnalisée, dans laquelle l'homme et la femme se respectent mutuellement dans leur autodétermination – et où la femme tire néanmoins le mauvais numéro, puisqu'elle reste subordonnée aux directives de son époux[74].

L'institution hégélienne, qui, du fait de sa nature symbolique n'est pas une chose mais plutôt une « quasi chose » ne laisse pas, ainsi, d'exprimer toute son ambigüité. Son double versant chosique et idéal la détermine en effet comme fait normatif aussi bien progressiste, du fait de son aspiration à transcender la réalité sociale, que conservateur, du fait de sa fonction d'intégration sociale. Quoiqu'il en soit l'institution n'est plus, dans ce contexte, un simple fait social, mais un état normatif qui, pour autant qu'on puisse le comprendre comme « forme coagulée de reconnaissance mutuelle », assure la vitalité et la santé de l'organisme social dans toute sa complexité axiologique. L'institution se reconnaît dès lors à son activité, et non plus seulement à sa simple position dans la société et dans l'histoire. C'est en effet par et grâce aux institutions que le lien intersubjectif se trouve ainsi durablement maintenu par les protéines que constituent les phénomènes de reconnaissance mutuelle. Honneth écrit en effet : « Dans la théorie hégélienne, les institutions ne sont (…) mises en valeur que sous la forme d'incarnations permanentes de liberté intersubjective[75]. » Ainsi, le détail des analyses conduites en 2011 nous autorise à juger de l'ampleur du changement de regard vis à vis de l'institutionnalisme hégélien. Par exemple, les institutions de la famille, au sens du moins où Hegel en affirmait l'intérêt, ne sont plus estimées comme des produits juridiques installant contractuellement les membres de celle-ci dans un rôle social, comme c'était le cas en 2001. Honneth souligne au contraire la modernité de la lecture institutionnaliste que Hegel propose de la vie du couple. En conditionnant la satisfaction des attentes affectives et matérielles de l'individu à l'accord librement consenti et réciproquement attendu de l'autre, Hegel parvient à esquisser

74 Honneth, 2020, p. 145-146.
75 Honneth, 2015b, p. 88.

ainsi, selon Honneth, l'esprit vivant de l'« amour romantique[76] ». Cette « coagulation » de la vie du couple, opérée grâce au tissu intersubjectif de la reconnaissance, ne conduit par conséquent plus Honneth à reconnaître des formes sclérosées de la vie familiale[77]. Censée prévenir et réguler les « liquéfactions du social », la « coagulation » institutionnelle n'empêche plus, en effet, l'irrigation de la vie sociale. L'apport extraordinaire de la philosophie du droit de Hegel consiste désormais, selon Honneth, à avoir pensé les conditions de sa fluidification.

> (...) avec la fluidification [*Verflüssigung*] communicationnelle des droits et des devoirs, écrit alors Honneth, la bonne disposition à se conformer aux normes est rendue de plus en plus dépendante des sentiments d'affection ou d'animosité réellement éprouvés[78].

Hegel, qui était parfaitement conscient que la raison pratique de la famille ne pouvait se trouver dans une distribution contractuellement raisonnée des tâches, mais dans l'amour, seul susceptible de faire des individus vivant dans la famille, de véritables membres de celles-ci[79], devient ainsi pour Honneth un éclaireur du sens moderne de la famille. Le portrait que ce dernier dresse du membre de la famille se trouve ainsi empreint de sa dette à l'égard de la normativité hégélienne. Honneth note en effet :

> Le membre de la famille envisagé à titre individuel se montre, bien plus fortement que jadis, disposé à n'assumer des responsabilités négociées fondées

76 Honneth, 2015b, 194-195.

77 Comparant les dommages institutionnels causés à la vie du bourgeois aux dommages subis par les membres de la famille, Honneth écrivait alors : « l'autoréalisation individuelle et la reconnaissance réciproque sont ainsi intimement mêlées dans la "société civile", tout comme elles l'étaient dans la famille sous la présupposition de l'inclination affective : un sujet ne peut parvenir à une réalisation de ses intérêts singuliers et même idiosyncrasiques que là où il reconnaît ses semblables comme des partenaires contractuels qui sont normativement à même de respecter les obligations immanentes au contrat. » (Honneth, 2008, p. 120). Ce qui avait alors conduit Honneth à faire de Hegel un institutionnaliste méprisant de la « représentation jeune-romantique » (*ibid.*, p. 114).

78 Honneth, 2011 p. 298, Honneth, 2015 b, p. 257.

79 Hegel écrit en effet : « En tant que *substantialité immédiate* de l'esprit, la famille a pour détermination sienne l'unité, *éprouvant le sentiment* de soi, de celui-ci, l'*amour*, de sorte que la disposition-d'esprit (qui y règne) est d'avoir la conscience de soi de son individualité *en cette unité* en tant qu'essentialité qui est en et pour soi, afin d'être en elle non pas comme une personne pour soi, mais comme *membre* (*Mitglied*). » (Hegel, 2000, § 158, p. 307, Hegel, 2013, p. 325-326).

> sur le principe de la répartition des tâches qu'à la condition de se voir accepté émotionnellement par les autres membres de la famille[80].

Force est de constater que c'est de la même façon un Honneth hégélianisant qui se propose de réévaluer l'intérêt de l'analyse que Hegel proposait des corporations dans sa philosophie du droit de 1820. Ce qui atteste derechef d'un revirement de sa part quant à ce qu'il avait dénoncé dix ans plus tôt comme une « surinstitutionnalisation de l'éthicité ». Alors que ces institutions, essentiellement lues en 2011 comme une façon dont Hegel avait repris de façon fort regrettable, en tout cas selon une vanité normative notoire selon Honneth[81] les figures démodées des guildes et des jurandes d'Ancien Régime, les corporations paraissent en 2010 sous un jour tout à fait nouveau au regard du philosophe de Francfort. Il évoque en effet les « mesures "solidaires" que Hegel se promettait des corporations professionnelles[82] ». Désormais en effet l'institution d'un secours au plus démunis reçoit, par le moyen de la corporation, une assise normative qui supprime son caractère contingent. Hegel notait en effet :

> Dans la corporation, le secours que reçoit la pauvreté perd ce qu'elle a de contingent, ainsi que ce qu'elle a, à tort, d'humiliant, et la fortune perd, dans [l'accomplissement de] son obligation envers son association coopérative, l'arrogance et l'envie qu'elle peut exciter (en l'occurrence, celle-là chez son possesseur, celle-ci chez les autres), – la droiture reçoit sa reconnaissance et son honneur véritables[83].

Il est remarquable que lorsque Axel Honneth souligne dans l'institution de la corporation ce droit des démunis à être considérés avec sollicitude et à être aidés, il n'y reconnaît absolument plus un reliquat d'Ancien Régime. Ce qui transparaît désormais, à partir de la réflexion que Hegel propose des corporations en 1820, c'est l'assise d'un droit à la reconnaissance de ceux qui mènent une vie mauvaise. Droit qui repose sur la prise en considération objective du fait de leur vulnérabilité, et

80 Honneth, 2015b, p. 257.

81 « La manière dont Hegel escompte des corporations – qui ont, jugeait-il alors, quelque chose de démodé dès son époque, si l'on pense au salaire à la journée et au travail industriel – l'effet d'une disciplinarisation morale du marché capitaliste paraît bien naïve. » (Honneth, 2015b, p. 122).

82 *Ibid.*, p. 351.

83 Hegel, 2013, § 253, Remarque, p. 413-414.

donc du risque permanent qu'ils encourent d'être socialement exclus. Les corporations ne signifient donc plus une résurgence intempestive, opérée par Hegel, de ce qui était, mais une démonstration magistrale de ce qui devrait être.

La façon dont Axel Honneth procède ainsi à une « reconstruction normative » de la famille, comme de la corporation, pour ne s'arrêter qu'à ces deux exemples, tend à nous persuader que ce dernier puise en définitive dans la philosophie du droit de Hegel de 1820 les sources de ce que nous reconnaissons volontiers comme un institutionnalisme honnethien. La liberté sociale, en tant que liberté effective, trouve ainsi dans l'institution l'achèvement de son processus d'effectuation, qui fait que son sens peut désormais parfaitement coïncider avec ce qu'elle est. La dynamique essentielle affirmée par cet institutionnalisme moderne se précise enfin sous la forme pratique d'une « auto-législation publique », définie comme « un processus d'apprentissage normatif dans le cadre duquel il s'agit de réaliser et de faire advenir des libertés déjà existantes et localisées ailleurs en tant qu'une condition de leur réalisation[84]. » Honneth suggère enfin que cette effectuation soit portée aujourd'hui par la volonté d'un « démos européen[85] » dont la communauté reste assurément encore à établir autour de cette orientation.

LES QUATRE PILIERS DE L'OPTIMISME SOCIAL

In fine, l'optimisme social d'Axel Honneth, plus que jamais encouragé, depuis 2011, par une réflexion normative aussi fortement enracinée dans la conception hégélienne de l'éthicité, qu'originale, semble essentiellement tenir dans quatre caractéristiques remarquables.

Primo, nous ne pouvons douter, selon lui, de notre capacité individuelle, en dépit des traumatismes débilitants que nous subissons, à coopérer avec confiance avec ceux avec qui nous vivons, ainsi que de notre capacité à assumer cette attitude comme norme régulatrice de notre vie sociale. Qui pourrait contester, en effet, que chercher à satisfaire

84 Honneth, 2015b, p. 505.
85 *Ibid.*, p. 510 *sq.*

les besoins des autres en les aimant soit la norme de la famille ? Qui pourrait souhaiter, à l'inverse, sans perversité ni mauvaise foi, exciter avec délectation la défiance chez ses collaborateurs, ou chez ceux avec qui nous avons affaire pour l'échange de biens ou de services ? L'intersubjectivité normative apparait ainsi comme la vocation humaine de l'animal social moderne. Le besoin que nous avons d'être reconnus par les autres en leur accordant le soin de notre propre reconnaissance, relève en effet d'une intention pratique nécessaire qui nous humanise. La mission des institutions sociales (familiales, économiques, politiques) devrait à partir de là consister à satisfaire ce besoin de reconnaissance. Le rôle des institutions appartient donc pour Honneth à l'ordre des « nécessités fonctionnelles » (Honneth, 2020, p. 181) propres à satisfaire les attentes normatives subjectives des acteurs et partenaires sociaux que nous sommes. C'est pourquoi nous devrions selon lui nous inspirer de l'élan institutionnaliste qui présida à la construction de l'Europe dès 1950 :

> Ainsi, avec cette institutionnalisation d'un débat transnational sur les avantages et les inconvénients des différentes voies que les efforts d'autodiscipline morale sont susceptibles d'emprunter, l'Europe est devenue (…) un laboratoire de prospection des conditions de vie plus justes. (…) À ce titre, l'Union européenne, qu'on veuille l'admettre ou non, a été construite, depuis ses débuts timides dans les années 1950, dans l'idée de rendre possible à l'avenir une prise de décision démocratique à l'échelle du continent[86].

Honneth invoque alors le surgissement d'un « sur-nous » européen (*ibid.*, p. 179) capable de se traduire objectivement sous la forme d'un « New deal » capable d'instituer notre besoin de solidarité en réorganisant la distribution des richesses (*ibid.*, p. 186-187).

Secundo, le fait est que nous possédons une disposition instinctive à réagir lorsque nous nous sentons agressés, méprisés ; et donc à ne pas nous satisfaire de situations de déni de reconnaissance, d'injustice, ou de mise en péril de nos libertés. Ce principe d'irritabilité dont Honneth avait fait, dès 1992[87], pour l'individu comme pour les groupes sociaux, le mobile de la « lutte pour la reconnaissance », se trouve rappelé en 2011 dans son efficacité normative. Honneth affirme en effet :

86 Honneth, 2020, p. 182.
87 *Cf.*, Honneth, 1992, Honneth 2000b.

> Le moteur, le médium des processus historiques de réalisation des principes de liberté institutionnalisés n'est pas en premier lieu le droit, mais les conflits sociaux portant sur la juste compréhension de ces principes et sur les changements de comportement en résultant[88].

Les faits insupportables d'une injustice subie rendent ainsi d'autant plus nécessaires et urgents leur relève. Tel est le ressort des révolutions, révoltes, ou contestations. Plus récemment encore Axel Honneth soulignait que le « crime et (...) son traitement réflexif, a façonné l'histoire européenne si profondément qu'on peut y puiser aujourd'hui les ressources pour la solidarité et la cohésion de tous les citoyens européens[89]. »

Tertio, nous ne pouvons sous-estimer notre talent individuel et collectif de transformer nos réactions aux différentes irritations sociales en revendications éthiques. Si la lutte pour la reconnaissance trouve sa cause mécanique dans les pathologies sociales, elle tire en même temps sa raison pratique d'une richesse normative qui s'articule selon deux aspects : une volonté d'émancipation, et une « coagulation » institutionnelle de ces mêmes attentes normatives. Le premier aspect concerne notre ressource, à proprement parler morale, à relever les injustices que nous subissons et à nous réorienter vers des solutions de justice et de liberté légitimes et praticables. Le second aspect touche quant à lui à notre aptitude, déjà démontrée dans l'histoire, à préparer l'institution politique de la liberté sociale dans des institutions pré-politiques, touchant à des « sphères avoisinantes des relations personnelles et du marché économique[90]. » La vie intersubjective des familles, des associations de consommateurs, des syndicats, etc., apparaît ainsi sous des formes institutionnelles de « coagulation » de la liberté. Les indices historiques du progrès de la liberté sociale se remarquent d'ailleurs à l'installation durable de liens de coopération travaillant à mettre en œuvre des revendications de justice susceptibles d'inspirer les législateurs politiques au-delà même des frontières des nations. Songeant à l'exemple de l'événement humain que constitua, entre autres faits remarquables, la révolution française[91],

88 Honneth, 2015b, p. 504.
89 Honneth, 2020, p. 166.
90 *Ibid.*, p. 505.
91 Honneth, affirme en effet : « Ni la Révolution française ni la Commune de Paris ne furent des événements exclusivement "français", pas plus que la prise du pouvoir par Franco ne représenta un défi pour la seule Espagne. Toutes ces stations d'un combat visant à la réalisation de normes de liberté déjà institutionnalisées représentent – d'où l'analogie

révolution intellectuellement inspirée par les philosophes des lumières dans l'Europe entière, pratiquement mise en œuvre par le tiers état, admirée enfin en Occident pour avoir installé la République, Honneth remarque alors :

> (...) les membres de la société ne sont égaux en droits, non contraints, et conscients de leur statut dans la formation de la volonté publique qu'à proportion du degré de réalisation de la liberté sociale dans les relations personnelles et dans les rapports de marché[92].

Les sociétés occidentales, majoritairement libérées pour l'heure des totalitarismes politiques, peuvent par conséquent espérer que des idéaux de justice et de liberté incarnés dans certaines associations, pourront inspirer prochainement les constitutions politiques. Ces associations, qui ont d'ailleurs le mérite d'exister à différentes échelles, expriment toutes en même temps une intention comparable d'universaliser le droit à la reconnaissance des individus humains. Ce qui suffit d'ailleurs à les distinguer des intentions oligarchiques des lobbies qui ne songent qu'au droit de ceux dont ils protègent les intérêts. Kenneth Roth, directeur de *Human rights watch* concluait ainsi sa présentation du rapport sur les événements dramatiques de l'année 2014[93]par un appel lancé dans ce sens aux responsables politiques. Il indiquait en effet :

> Protéger ces droits (il s'agit des droits humains) et permettre aux citoyens d'avoir leur mot à dire dans la manière dont leurs gouvernements font face aux crises, seront des clés de la résolution de ces crises. C'est tout particulièrement

avec les "symboles historiques" de Kant – des événements historiques sur lesquels la majorité de la population des pays d'Europe occidentale se retourne en éprouvant un même sentiment, soit d'approbation enthousiaste dans le cas d'efforts émancipateurs, soit de répulsion dans les efforts visant à contrecarrer la liberté. » (*ibid.*, p. 512).

92 *Ibid.*, p. 508.

93 Le préambule de Kenneth Roth au *Rapport mondial 2015* de « *Human rights Watch* » était en effet rédigé dans un style fait pour nous inviter à relever un état des lieux *a priori* désespérant : « Depuis une génération, écrivait-il, le monde n'a pas connu autant de tumultes qu'actuellement. Le Printemps arabe, naguère porteur d'espoir, a dégénéré presque partout en conflits et répressions. Les extrémistes islamistes commettent des atrocités massives et menacent les civils dans tout le Moyen-Orient et dans certaines régions d'Asie et d'Afrique. Des tensions rappelant le Guerre froide sont réapparues au sujet de l'Ukraine, où un avion civil a même été abattu en plein vol. On a parfois l'impression que le monde se disloque (...). Les violations des droits humains, conclut-il, ont joué un grand rôle dans l'apparition ou dans l'aggravation de la plupart des crises d'aujourd'hui. »

> dans les périodes où se présentent des défis et des choix difficiles que les droits humains constituent une boussole essentielle pour toute action politique[94].

Dans le même sens il faudrait apprendre à nous associer et à nous accorder dans un contrat social européen capable d'instituer politiquement les liens de solidarité. Ce qui pourrait autoriser, selon Honneth, la cessation des politiques d'austérité étouffantes pour les populations des États les plus pauvres, ainsi qu'une redistribution plus juste des richesses[95]. Pour ce faire, les bonnes dispositions, semble-t-il, ne sont pas toujours si absentes qu'on voudrait bien le faire croire, ni les réticences du côté où on aurait pu les attendre. Ainsi par exemple, les choses avaient pu se jouer a contrario de ce que pouvaient laisser penser les menaces lancées par Bercy en décembre 2020 à l'encontre des assureurs qui, dans le vif de la crise économique en France, ne joueraient pas le jeu de la solidarité[96]. Un rapport de l'OCDE[97] publié quelques mois avant cette déclaration, avait en effet révélé que dans la plupart des États européens (Italie, Allemagne, Suisse, France) les assureurs, sans attendre de proposition ou de menace de leur gouvernement, avaient pris les devants. En France notamment, la Fédération des assurances avait dégagé 400 millions d'euros, bien avant que Bruno Lemaire ne s'exprime, pour aider les entreprises à faire front à leurs difficultés. On voit ici que les dispositions à la solidarité peuvent s'exprimer chez des partenaires sociaux a priori non attendus, et qu'un gouvernement, attendu à l'inverse pour soutenir le peuple en temps de crise, peut ignorer des mains tendues. C'est ce qui semble s'être passé dans cet épisode de fin d'année 2020 où, afin sans doute de redorer le blason du parti au pouvoir à des fins électoralistes, le ministère des Finances feignit de ne pas avoir remarqué le geste des compagnies d'assurance, préférant se parer des atours séduisants du justicier[98].

Pour terminer, l'optimisme social d'Axel Honneth nous semble reposer sur un virage méthodologique, désormais volontiers accompli

94 *Ibid.*

95 Honneth, 2020, p. 186-187.

96 Bruno Lemaire, ministre de l'Économie, des Finances, et de la Relance brandissait alors la menace d'un impôt exceptionnel de 1, 2 milliards d'euros à prélever sur les bénéfices des assureurs refusant d'être conciliants envers leurs assurés.

97 *Cf.* « *Insurance Sector Responses to COVID-19 by Governments, Supervisors and Industry* », OCDE, Juillet 2020.

98 *Cf.* « Les assurances dans le rôle du coupable idéal », article écrit par Anne-Laure Delatte, paru dans le journal Libération le 7 décembre 2020.

par les esprits contributeurs d'une critique sociale. En s'efforçant de démontrer, dans l'organisation même de sa réflexion, les vertus des « reconstructions » et des « réactualisations » des pensées précédentes, il nous semble en effet que Honneth répond, de façon plus ou moins consciente, à notre propre désespoir. Le procéduralisme rawlsien, qui avait dessiné avec succès, jusqu'à la fin des années 1990, les contours d'une éthique utopiste qui, à défaut de prendre racine dans l'histoire et dans les sociétés réelles s'enracinait dans une « position originelle », se trouve aujourd'hui largement dépassé. Nous ne croyons plus en effet que le surgissement d'un monde juste dépende de notre capacité à en inventer la formule à partir de rien. La solidarité ne saurait s'imposer à la manière d'une idée, de quelque bord éthique ou politique que cette idée puisse surgir. Considérant l'internationalisme socialiste qui proposait idéalement d'abolir les frontières étatiques pour faire la solidarité du genre humain, Honneth avoue ainsi, à rebours de l'enthousiasme qui avait animé Marcel Mauss, et à l'instar de la plupart du monde aujourd'hui, ne plus y croire. Il écrit alors :

> Nous avons perdu la foi dans cette force unificatrice des aspirations socialistes, capable de faire tomber les frontières nationales. Il est devenu difficile d'espérer que le désir partagé d'un contrôle social accru des rapports de production fasse prochainement renaître l'esprit de solidarité européenne[99].

Pour peu que nous acceptions de penser nos pratiques sociales, nous pouvons en effet, à bon droit, nous sentir aujourd'hui désemparés par le caractère pressant ainsi que par l'urgence selon laquelle, nous-mêmes, comme les responsables politiques et économiques, nous trouvons en demeure d'imaginer spontanément des solutions aux problèmes de l'injustice. Dans ces conditions le philosophe ne saurait plus, désormais, simplement se poser comme « fils de son temps », comme le soutenait Hegel dans la préface des *Principes de la philosophie du droit*[100], mais il devrait se faire stratège de l'instant. De ce point de vue, la réflexion que propose Axel Honneth se veut efficace à vérifier et à consolider notre intuition qu'il existe, en deçà de l'instant, les racines d'une raison pratique susceptible de nous élever. Plus que jamais, la véritable urgence se situerait alors dans la nécessité de satisfaire un besoin de culture plutôt

99 Honneth, 2020, p. 175.
100 *Cf.* Hegel, 2013, p. 132.

que dans l'exercice d'une promptitude plus ou moins habile à répondre ou à nous adapter à ce qui se passe ici et maintenant. Il se pourrait bien en effet que la mémoire des crises et des luttes sociales qui ont promu les avancées historiques que nous connaissons sur le terrain de la justice et de la solidarité soient plus à même de nous inspirer à nous accorder pour mener une vie bonne, qu'un consensus sur un idéal distant. En 2019, Honneth proposait ainsi la chose suivante :

> (…) au lieu de rechercher les sources d'une telle solidarité dans un stock fantasmé de traditions religieuses ou de prétendus hauts faits, il faudrait peut-être plutôt se tourner vers l'histoire des crises et des conflits surmontés collectivement. Il se pourrait en effet, précise-t-il alors, que ce soit moins l'évocation d'un passé positif que la mémoire d'événements négatifs collectivement surmontés qui rapproche les hommes et les amène à s'engager les uns pour les autres[101].

De ce point de vue Honneth s'inscrit sans nul doute dans la continuité du travail critique que les penseurs dits « communautariens », notamment Taylor, Sandel, Mac Intyre, ou Walzer, avaient développé à l'encontre Rawls. Honneth confesse ainsi, dans un style où il exprime à la fois sa dette envers les Communautariens et sa volonté d'éviter les maladresses qui causèrent leur échec (en refusant notamment d'adopter une posture exclusivement contestataire) :

> La devise dans laquelle se monnaye la critique de la société n'est pas la conviction argumentative instantanée, mais la réorientation raisonnée du processus futur. Bien loin de servir le critique, comme le veut Walzer, la vertu du juste coup d'œil lui est préjudiciable. Celui qui n'a d'yeux que pour le caractère propice des circonstances politiques et de l'esprit du temps, précise alors Honneth, ne pourra guère accomplir le changement de perspective nécessaire pour voir les formes de vie habituelles éclater comme des bulles de savon[102].

C'est pourquoi c'est toujours sur le terrain d'une vie sociale faite de traumatismes réellement éprouvés et de luttes effectivement menées, que les transformations restent à conduire.

101 Honneth, 2020, p. 175.
102 Honneth, 2015c, p. 223.

DERNIÈRES QUESTIONS

Pour terminer, nous souhaiterions nous attacher à quelques questions ouvertes qui peuvent légitimement se poser à la lecture de l'œuvre d'Axel Honneth. Ces questions portent aussi bien sur le statut de la lutte pour la reconnaissance que sur la corrélation que ce dernier établit entre l'universel et l'intime, comme sur les difficultés soulevées par l'estime méritocratique, considérée comme une satisfaction du droit à la reconnaissance.

LUTTE ET RECONNAISSANCE

Tout d'abord, on peut se demander pour quelle raison Honneth choisit la forme de la lutte, ce qui tend à impliquer l'exercice d'une violence, pour penser une reconnaissance, censée se développer selon une éthique de l'attention aux autres et de la bienveillance ? Comment, en effet, l'exercice d'une réaction violente visant à relever dans la recherche d'une domination une situation d'agression subie, ce qui est le sens d'une lutte ou d'un combat (*Kampf*), pourrait-il produire, dans le même temps, une règle d'attention aux autres ? Dans le contexte de revendication d'une liberté socialement entendue, il ne peut plus s'agir seulement de faire ou de se faire justice, le monde dût-il périr. Il faut encore que faire justice s'inscrive dans le souci d'améliorer les relations intersubjectives qui nous attachent aux autres dans nos vies respectives. Ce dont convient d'ailleurs tout à fait Axel Honneth. Comment parvient-il alors à lier les extrémités de la violence et de la sollicitude ?

Cette même difficulté avait conduit Paul Ricœur à produire un jugement très mitigé, faisant finalement état de son insatisfaction, à propos du concept honnethien de « lutte pour la reconnaissance ». D'un côté, Ricœur avait salué en effet l'élégance philosophique selon laquelle Honneth, reprenant « le projet (hégélien) de fonder une théorie sociale *normative* » s'était gardé de n'envisager la lutte que comme un substitut « de la rivalité, de la défiance et de la gloire » rencontrées dans l'état de nature chez Hobbes[1]. D'un autre côté cependant, il reprochait à Honneth, en songeant plus probablement d'ailleurs au sens que recouvrait ce terme dans le contexte de la *praxis révolutionnaire* chez Marx[2] plutôt qu'au *Léviathan*, une « emphase exclusive mise sur l'idée de lutte[3] ». Ce qui l'avait conduit à proposer l'*agapè*, comprise non pas comme amour de « celui qui se trouve proche, mais (de) celui dont on se rapproche[4] », comme une « alternative à l'idée de lutte dans le procès de reconnaissance mutuelle » reposant sur « des expériences pacifiées de reconnaissance mutuelle[5] ».

Tout se passe pourtant comme si Ricœur, qui n'ignorait cependant pas que la reconnaissance fut conçue comme la fin en vue de laquelle la lutte avait été envisagée par Honneth[6], ne voyait cependant pas que celle-ci, loin de n'être qu'un aboutissement, désigne en même temps un processus d'interpellation des autres, immanent à l'effort d'émancipation constitutif de la lutte. Il sous-estime ainsi le gain normatif que constitue pour Honneth le passage par le sens hégélien de la lutte, en n'en retenant en fin de compte qu'une édulcoration de ce que celle-ci contenait encore de violence chez Hobbes. Il néglige ainsi l'apport décisif de Fichte pour le jeune Hegel d'abord, pour Axel Honneth ensuite, dans la reconstruction normative du concept de lutte au sens où on le trouvait d'abord chez Hobbes comme simple lutte pour la survie. À propos du jeune Hegel, Honneth avait pourtant explicitement indiqué, qu'« ayant réinterprété la théorie fichtéenne de la reconnaissance, il aura aussi, dit-il, su donner un sens nouveau au concept hobbesien de "lutte[7]". » C'est dans le concept fichtéen d'« appel réciproque », selon lequel l'exercice

1 Ricœur, 2004, p. 294.
2 La *praxis* révolutionnaire relève en effet de la mise en œuvre d'un bouleversement total dans lequel « il s'agit de révolutionner le monde existant, d'attaquer et de transformer pratiquement l'état de choses qu'il (le communiste) a trouvé. » (Marx & Engels, 1970, p. 67).
3 Ricœur, 2004, p. 293.
4 *Ibid.*, p. 346.
5 *Ibid.*, p. 341.
6 Dans le titre *Kampf um Anerkennung* (*Lutte pour la reconnaissance*), la préposition « *um* » (« pour »), a bien évidemment immédiatement le sens d'un « but final » (« *Zweck* »).
7 Honneth, 2000b, p. 25.

de la force implique formellement une intersubjectivité normative, que Honneth reconnaît ce sens nouveau de la lutte. À propos de l'« appel réciproque » ce dernier affirme ainsi :

> Cette idée de Fichte contient déjà presque tout, mais seulement *presque* tout ce qui formera plus tard chez Hegel la conception mûrie de la reconnaissance réciproque : l'attitude de reconnaissance de la seconde personne, précise-t-il alors, telle qu'elle s'exprime dans son « appel », amène la première à découvrir, comme dans un miroir, qu'elle jouit elle-même du « statut normatif » d'un sujet libre, habilité à se manifester de son propre chef[8].

Honneth, parfaitement conscient, par ailleurs, que Fichte ne se satisfaisait pas de cette normativité subjective, incapable à elle seule de produire une reconnaissance qui ne pouvait reposer que sur une interpellation réciproque, ajoute alors :

> Mais la personne ainsi visée ne peut percevoir l'appel reçu comme un tel octroi de liberté que si de son côté elle accorde à la personne qui l'interpelle le « statut normatif » d'un sujet libre, sans quoi il manquerait à celle-ci les attributs qui donnent à son attitude la valeur d'une expression de reconnaissance[9].

Si la raison pratique de la lutte recèle une richesse normative qui nous interdit de la réduire à un simple mécanisme de l'irritabilité, il n'en demeure pas moins, pour autant, que le conflit demeure une forme nécessaire des rapports sociaux. Les désaccords sur les principes de la justice comme sur les procédures censées mettre en œuvre ces principes, sont réels. Dans ce contexte, il apparaît déraisonnable d'imaginer qu'on pourra produire les conditions d'une reconnaissance effective en faisant l'économie d'une lutte. Honneth explique ainsi que si la réflexion sur le sens de la lutte reste un droit pour la philosophie sociale, réfléchir sur la lutte ne relève guère d'un choix :

> Parce qu'il règne nécessairement dans toute société une incertitude ou un désaccord sur les critères qu'il convient de mobiliser dans ces jugements eux-mêmes (concernant les « accomplissements cognitifs ou pratiques » des individus) ou dans leur application à des situations concrètes, la recherche de reconnaissance comporte nécessairement une part de conflit, qu'à la suite de Hegel j'appelle la « lutte pour la reconnaissance[10] ».

8 Honneth, 2013a, p. 17.
9 *Ibid.*
10 *Ibid.*, p. 14.

Le concept de « lutte », pour autant qu'il répond à une réalité irréductible des rapports intersubjectifs, pour autant qu'il se trouve par ailleurs enrichi d'une efficacité normative indéniable, se trouve ainsi confortablement justifié dans l'usage qu'en propose Axel Honneth. Ce dernier peut ainsi assumer toute la valeur contestataire de la lutte (*Kampf*), à condition toutefois de ne pas y voir l'exercice d'une simple violence (*Gewalt*), et de ne pas concevoir cette lutte comme une manière de satisfaire un désir de domination (*Herrschaft*). Honneth passe alors par le dialogue que Habermas avait entrepris avec Max Weber, de façon à prévenir les confusions en la matière. Il part en effet de l'idée habermassienne que la « rationalisation technique », la « mise à disposition », apparaissent comme des offenses à l'égard du « monde vécu social », pour forcer le trait sur une distinction conceptuelle essentielle. Il montre ainsi, dans un esprit plus proche à vrai dire de ce qu'écrivait Droysen[11] sur le sujet que ce que l'on trouve chez Weber, qu'on ne peut légitimement confondre une stratégie de la domination avec l'exercice des luttes communicationnelles internes aux sociétés. Honneth note alors :

> Habermas, ici, se tourne vers Max Weber pour développer l'idée d'une rationalisation sociale applicable non seulement aux sphères d'activité guidées par la rationalité en finalité, mais aussi à des sphères intégrées sur le plan communicationnel. Si, pour le premier type de sphères d'activité, le terme de « rationalisation » signifie qu'un savoir méthodique augmente le contrôle rationnel sur les processus naturels et sociaux, il signifie au contraire pour le second type que l'entente langagière permet de faire prendre systématiquement conscience des limites qu'une domination légitimée par l'idéologie fait indûment peser sur l'interaction sociale[12].

Si donc la domination exercée par la « rationalisation technique » sur le « monde vécu social » apparaît comme une violence, elle ne saurait cependant être confondue, en toute rigueur, avec l'exercice d'une lutte qui n'est pas l'exercice d'une violence en vue d'une domination, mais un produit des acteurs communicationnels au sein des sociétés[13]. Les

---

11 Droysen écrivait en effet : « La puissance est à son apogée quand elle se nourrit du plein travail, de la santé et de la liberté de toutes les sphères éthiques... Plus la forme de l'État est grossière, plus il y a en lui de violence au lieu de la puissance, plus il est pauvre en liberté. » (Droysen, 1977.)

12 Honneth, 2013b, p. 220.

13 Honneth repère d'ailleurs, et dénonce, une pareille confusion des genres chez Joel Whitebook. Voir « *Les facettes du soi présocial. Une réplique à Joel Whitebook* » *in Un monde*

luttes ou les conflits, qui peuvent aussi bien adopter la forme de prises de parole que celle d'actions variées (associations corporatives ou syndicales, associations de consommateurs, pétitions, manifestations, grèves, boycotts, etc.) nourrissent ainsi, aujourd'hui comme toujours, l'âme des discussions sociales. C'est bien pour cette raison qu'Axel Honneth les considère comme leviers de la reconnaissance :

> La raison de cette aptitude des relations de reconnaissance à cristalliser ou à susciter les conflits les plus divers, écrit-il en effet, n'est pas difficile à identifier, et résulte de la fragilité du matériau dans lequel ces relations sont taillées : si elles ne sont maintenues que par des normes socialement institutionnalisées, relativement à l'interprétation et à l'application desquelles les sujets se sont réciproquement accordé un droit de codécision, alors, conclut-il enfin, il peut constamment s'élever de nouvelles querelles, tant sur l'étendue de leur domaine d'application que sur le nombre de personnes impliquées[14].

Dans ces conditions, la notion de « lutte pour la reconnaissance », tenue d'un côté par la réalité des confrontations intersubjectives, d'un autre côté par le désir d'appeler et d'être appelé par les autres dans nos vies, recouvre chez Honneth toute la richesse éthique d'un concept social original. La lutte signifie en effet l'exercice dialogique dynamique d'un contrat social pensé comme processus historique continu, du moins dans le cadre d'un espace public démocratique qu'il relève d'ailleurs aux luttes sociales d'installer. Cette originalité fait que la « lutte pour la reconnaissance » mérite d'être entendue chez Honneth en un sens différent de ce qu'entendait Hobbes dans la lutte des individus pour leur survie à l'état de nature, comme en un sens différent de ce qu'entendait Marx sous le concept de *praxis* révolutionnaire. Elle désigne l'activité subjective selon laquelle les individus progressent contre et avec les autres, dans l'épreuve de leurs vies respectives, dans l'effectuation de leur liberté sociale.

---

de déchirements (Honneth, 2013b, p. 239).

14 Honneth, 2020, p. 154.

EST-IL LÉGITIME DE PENSER L'UNIVERSEL SOCIAL À PARTIR DE L'INTIME ?

On peut s'étonner d'autre part de ce qu'Axel Honneth considère, arguant de l'analyse du développement psycho affectif de l'enfant chez Winnicott et Erikson, considère l'amour comme principe déterminant de la confiance, de l'estime, plus généralement de la reconnaissance, dans le cadre de sphères sociales considérablement plus élargies que celle de la famille. Peut-on en effet penser les relations que les individus entretiennent avec ceux avec qui ils travaillent, avec ceux à qui ils vendent et à qui ils achètent, ou encore avec leurs élus, fussent-ils locaux, sur le modèle de l'amour qui les lie, au sein de leur famille, aux autres membres de celle-ci ? Dans une page devenue fameuse Adam Smith soulignait, dans la même logique critique que nous suggérons ici, qu'il n'y a aucune raison qui justifie que nous attendions notre dîner de la bienveillance de notre boucher[15]. Au service d'une logique comparable, Jean-Jacques Rousseau contestait à certains partisans du jus naturalisme le droit de confondre l'autorité politique du prince avec l'autorité du père. Ce dernier notait en effet :

> La famille est donc si l'on veut le premier modèle des sociétés politiques ; le chef est l'image du père, le peuple est à l'image des enfants, et tous étant nés égaux et libres n'aliènent leur liberté que pour leur utilité. Toute la différence, précisait alors Rousseau, est que dans la famille l'amour du père pour ses enfants le paye des soins qu'il leur rend, et que dans l'État le plaisir de commander supplée à cet amour que le chef n'a pas pour ses peuples[16].

Comment Honneth, fort averti que les relations intéressées qui lient les individus dans la société civile n'ont rien à voir avec l'amitié ou avec l'amour, qui ne conçoit pas, d'ailleurs, que l'État puisse trouver son assise dans un droit naturel, peut-il alors penser, à l'échelle du social tout entier, une éthique de la sollicitude et de la bienveillance ?

Précisons avant tout que l'amour, compris comme l'affaire des individus au sein de la famille ne saurait, selon Honneth, s'y trouver

15 Smith, 1991, p. 82.
16 Rousseau, 2001, I, 2, p. 47.

substantiellement déposé. L'amour relève bien plutôt d'un état d'équilibre que les membres de la famille s'efforcent de cultiver de façon à satisfaire leurs attentes normatives. L'amour qui, à proprement parler, n'a donc pas sa résidence dans le foyer, ne saurait donc être déplacé ailleurs : dans la société civile, ou dans l'État. Dans ces dernières sphères sociales, Axel Honneth ne parle d'ailleurs jamais d'amour, mais, respectivement, de dignité et de respect. Ce qui peut se traduire, par exemple, par les encouragements d'une politique salariale reconnaissante du travail effectué par les individus, ou par une volonté politique d'affecter à une population d'individus des droits qu'ils n'avaient pas. La manière dont Axel Honneth pense la forme subjective de la reconnaissance, étant donné que c'est là le centre du problème, n'est ainsi ni substantialiste, ni métaphorique. Là où nous pourrions avoir tendance à repérer une substance et un déplacement, Honneth ne pense lui, qu'un équilibre précaire des dispositions subjectives, ainsi qu'un processus. Aussi, en faisant du sentiment de bienveillance envers les autres le ressort normatif subjectif de la reconnaissance, Honneth relève à son tour l'intérêt que Hegel avait manifesté en 1820 pour la « disposition d'esprit éthique » (« *sittliche Gesinnung* », et la « disposition d'esprit politique » (« *politische Gesinnung* »)[17]. Au paragraphe 268 des *Principes de la philosophie du droit*[18], Hegel définissait ainsi le patriotisme comme le sentiment d'une « confiance », susceptible d'assurer de façon inconsciente le citoyen, au fil de ses activités ordinaires, de l'identité de ses fins subjectives et des fins de l'État. Le patriotisme du citoyen, qui n'est pas l'amour du membre de la famille, en épouse bien pourtant ici la forme, et s'affirme au niveau de l'État, selon Hegel, comme une étape ultime de son développement. Ce dernier nous explique alors que si l'État signifie « la substance éthique *consciente de soi* », c'est bien parce qu'il se fonde « sur la même unité qui, dans la famille, est en tant que sentiment de l'amour », à la différence que cette unité se trouve désormais « dans la *forme* d'une unité *sue*[19] ». À l'instar de ce que nous venons de souligner chez Hegel, nous pouvons donc observer que l'amour n'est donc pas, chez Honneth, un fait sentimental étendu, mais une « disposition éthique » qui prend naissance comme lien de la famille, et qui tend normativement à s'effectuer comme

17 *Cf.* Hegel, 2013 & Hegel, 2000, § 207, 267, et 268.
18 Hegel, 2013, p. 438-439.
19 Hegel, 1988, § 535, p. 311.

forme universelle du lien social. La forme de l'amour, comme celle de l'amitié, autorisent ainsi les individus à cultiver instinctivement le savoir que « l'autre n'est pas (...) une limite mais une condition de la liberté individuelle[20]. » L'amour et l'amitié ne valent donc pas simplement pour ce qu'Axel Honneth peut en observer. Ils valent comme principes normatifs subjectifs de la reconnaissance et de la liberté effective.

C'est pourquoi il y a un intérêt cognitif à nous saisir de ce que nous vivons dans l'intimité de notre vie de famille pour comprendre ce qui anime essentiellement, quelle qu'en soit l'échelle, les comportements sociaux. Axel Honneth souligne ainsi par exemple qu'un coup d'œil lucide jeté sur l'histoire des ménages peut nous apprendre que les liens de la famille se renforcent beaucoup plus au sortir des crises qui s'y éprouvent que dans le partage d'événements heureux. Dans une page d'*Abolir les injustices, l'emporter sur le crime*, Honneth se détache ainsi de façon aussi implicite que nette d'une explication behavioriste des causes de la solidarité. Il écrit alors :

> (...) un simple regard sur les ressorts de la cohésion familiale suffit à montrer qu'il est parfaitement erroné de penser que seules des expériences positives peuvent engendrer des sentiments de solidarité : ce qui motive réellement les membres d'une famille à s'engager réciproquement pour le bien-être de l'autre est probablement moins une histoire de succès communs qu'une série de catastrophes (morts, maladies, conflits, échecs personnels) surmontées collectivement. (...) Or ce qui vaut pour une unité familiale est encore plus vrai pour une communauté politique. Pour autant que se manifestent chez elle des liens de solidarité, ceux-ci se fondent de la même manière sur une histoire commune, faite de disputes et de conflits, au cours de laquelle des événements négatifs ont été surmontés[21].

À ce double avantage normatif et cognitif, il faut sûrement ajouter que la philosophie de la reconnaissance et de la liberté sociale suppose une philosophie des affects. Ce qui explique que Honneth a constamment recours dans son œuvre, en saluant souvent explicitement leur intérêt, à la psychologie et à la psychanalyse[22]. Il s'agit là d'un double réquisit, méthodologique et thérapeutique. D'un point de vue méthodologique tout d'abord, Honneth souligne l'exigence de « se préserver des illusions

20 Honneth, 2015b, p. 218.
21 Honneth, 2020, p. 163.
22 *Cf.* Honneth, 2013b, p. 233 *sq.*

d'une morale rationnelle[23] », susceptible de légiférer *a priori*, en méprisant ainsi la contingence des comportements humains :

> Que ce soit dans ses fantasmes pulsionnels refoulés, précise ainsi Axel Honneth, le destin impénétrable de ses liaisons ou dans ses constellations affectives inaccessibles à la volonté, la personne humaine est ici toujours considérée du point de vue de ses élans inconscients qui imposent à la délibération rationnelle des limites difficilement franchissables. (*ibid.*)

La question de ce que doivent faire les individus ne peut ainsi être distinguée de la prise en compte de leur nature sensible, qui les rend susceptibles de souffrir d'être méprisés ou aliénés, comme capables de jouir d'être reconnus et de mener une vie bonne. D'un point de vue thérapeutique d'autre part, nous avons tenté de montrer en quoi Axel Honneth proposait une socio-iatrie qui conditionnait la guérison du corps social au soin que la philosophie sociale devait prendre de sa *psychè*[24]. Guérir la société n'est donc pas en ce sens un acte objectif neutre. Cela suppose nécessairement que les individus qui vivent dans la société ne se sentent plus méprisés ou oubliés. Ainsi la France, l'Europe, le monde, ne vont pas mieux, ou plus mal, en gagnant ou en perdant un point de croissance, sauf à faire alors preuve d'ironie ou de cynisme. Tout repose *in fine* sur la manière dont les individus vivent leur vie. La philosophie sociale démontre alors que cette évaluation non quantifiable, non mesurable, du sentiment de mener une vie bonne ou une vie mauvaise, mérite cependant, c'est le moins que nous puissions faire, mais c'est tout ce que nous avons à faire, qu'on y prête soin. Telle est l'ambition thérapeutique de la philosophie sociale d'Axel Honneth, qui s'affirme ici comme thérapie du sentiment, entendu non pas comme simple fait mental, mais comme l'épreuve subjective d'une tension toujours problématique entre notre vie intérieure et notre vie intersubjective. Dans ces conditions, la recherche de la reconnaissance et de la liberté devient une recherche affective dont le sens social excède largement la sphère de la famille.

Dans le contexte de la philosophie sociale, on peut enfin remarquer que l'ancienne distinction entre la morale, pour autant qu'on pouvait y reconnaître une théorie de la normativité individuelle, et la politique, pour autant qu'elle était censée prendre en charge les destinées collectives,

23 *Ibid.*, p. 233.

24 Voir notre chapitre 2, « La proposition d'une socio-iatrie ».

paraît désormais obsolète. Honneth partage sur ce point le constat qu'établissait John Dewey. Ce dernier écrivait en effet :

> (...) s'intéresser à l'amélioration morale de l'individu et s'intéresser à la réforme des conditions économiques et politiques ne font qu'un, et l'interrogation sur le sens du dispositif social prend toute sa signification : nous sommes amenés à nous demander ce que tel dispositif social particulier peut avoir d'enrichissant et de favorable à l'épanouissement. Le fondement de la vieille distinction entre la politique et la morale, conclut alors Dewey, est aboli[25].

Dans *Le droit de la liberté*, Axel Honneth démontre ainsi au début de son livre que les pathologies de la liberté juridique, comme les pathologies de la liberté morale, sont en fait des pathologies sociales, en ce qu'elles touchent des individus dont les attentes normatives ne collent plus à l'espace intersubjectif de leurs vies réelles. La liberté effective se trouve à partir de là pensée comme le salut normatif commun de la vie de famille, du vivre ensemble économique, comme enfin de la communauté démocratique. Le social vaut ainsi désormais comme l'identité normative subjective du familial, de l'économique, et du politique. Dans ces conditions, il devient par conséquent légitime et souhaitable que l'intime devienne la règle pratique de l'universel.

LES « ORDRES DE RECONNAISSANCE INSTITUTIONNALISÉS » SUFFISENT-ILS À NOUS RECONNAÎTRE ?
Le problème de l'estime méritocratique

Soucieux de concilier la vie sociale comme elle va et la vie sociale comme elle devrait être, Honneth procède pour ce faire à une réactualisation de l'*éthicité* hégélienne. Or nous avons souligné que cela l'avait conduit à défendre une position institutionnaliste de plus en plus assumée, ce depuis 2011, date de la publication de *Das Recht der Freiheit*. À l'inverse d'une posture tendant à oublier l'existence de faits normatifs, posture volontiers repérée chez Boltanski et Thévenot dans *De la justification*, il

25 Dewey, 2014, p. 253.

s'agit en effet pour lui de rappeler l'efficacité normative de faits sociaux garants d'un progrès de la liberté, de la justice, et de la reconnaissance.

> (...) au sein de la famille, écrit-il ainsi, nous ne pouvons plus, sans passer pour bornés, irrationnels ou ridicules, revenir au régime de la domination patriarcale ou charismatique ; à l'école, ajoute-t-il, il serait pour la même raison aberrant d'invoquer un pur ordre marchand ou de proposer un système industriel. De telles limitations des options normatives, conclut-il, ne sont pas quelque chose que le sociologue ajoute de l'extérieur, à la manière d'un jugement de valeur propre, à la société qu'il observe. Elles représentent des faits normatifs, qui font partie des données empiriques au même titre que l'accroissement du nombre des divorces ou l'individualisme des parcours de vie[26].

Les membres de la famille, les acteurs de la vie scolaire, du fait même de normes immanentes inscrites dans les institutions, se voient ainsi en l'occurrence plus libres, plus aimés et plus estimés, autrement dit mieux reconnus, qu'il y a encore quelques années. Or le fait d'accorder à ces substances sociales objectives que sont les institutions, les qualités subjectives de la reconnaissance, ne va pas sans poser problème. Cette difficulté a été tout particulièrement soulevée et discutée à partir de la prétention des institutions de l'économie de marché capitaliste à produire des normes de reconnaissance réussies. Nancy Fraser[27], Emmanuel Renault[28], Jean-Philippe Deranty[29], ou encore Hans-Christoph am Busch[30] critiquèrent ainsi plus ou moins vivement l'intérêt normatif que présentaient selon Honneth les institutions du monde moderne du travail. Dès 1992 ce dernier affirmait en effet que le chantage que la société semble instaurer en proposant aux différents groupes sociaux de valoriser leurs capacités et leurs savoirs à mesure des services qu'ils pourront lui rendre ne se fait pourtant pas au détriment de ce que les individus peuvent apporter aux autres comme à eux-mêmes :

---

26 Honneth, 2013a, p. 270.

27 Nancy Fraser und Axel Honneth, « *Anerkennung bis zur Unkennlichkeit verzerrt. Eine Erwiderung auf Axel Honneth", Umverteilung oder Anerkennung ? Eine politischphilosophische Kontroverse*, Suhrkamp, Frankfurt a. M., (Fraser & Honneth, 2003, p. 225-270).

28 *Cf.* Emmanuel Renault, *L'expérience de l'injustice*, Paris, La Découverte, (Renault, 2004).

29 *Cf.* Jean-Philippe Deranty, « *Kritik der poltischen Ökonomie und die gegenwärtige Kritische Theorie. Eine Verteidigung von Honneths Anerkennungs Theorie », Anerkennung*, H.-C. Schmidt am Busch et C. F. Zurn (éd.), Berlin Akademie, (Deranty, 2009, p. 269-300).

30 *Cf.* Hans-Christoph Schmidt am Busch, *La « reconnaissance » comme principe de la Théorie critique*, traduction sous la direction d'Alain Olivier et Maiwen Roudaut, ENS éditions. (Schmidt am Busch, 2015).

> Dans ce contexte (...), note-t-il alors, l'expérience de l'estime sociale s'accompagne dès lors d'un sentiment de confiance quant aux prestations qu'on assure ou aux capacités qu'on possède, dont on sait qu'elles ne sont pas dépourvues de « valeur » aux yeux des autres membres de la société ; nous pouvons désigner ce type de relation à soi, ce qu'on appelle couramment le « sentiment de sa propre valeur », par l'expression « estime de soi », qui constitue le pendant catégorial des concepts précédemment utilisés de « confiance en soi » et de « respect[31].

Or le fait est que considérer l'utilité du travail et la performance de celles et de ceux qui travaillent comme des indices satisfaisants de reconnaissance ne va pas de soi. En effet cela pose immédiatement le problème de savoir si l'internalisme normatif, puisque les normes sont installées par les marchés économiques eux-mêmes et s'y inscrivent, est suffisant à satisfaire, dans ce contexte, nos attentes normatives. Nancy Fraser en doute fortement et estime pour cette raison que le principe de redistribution reste beaucoup plus efficace pour garantir la justice dans le monde du travail et des échanges qu'un principe de reconnaissance abandonné au processus aliénant du marché, culturellement institué.

Elle écrit ainsi :

> (...) la sphère du travail est dominée par le principe de performance, qui détermine la hauteur du salaire en fonction de la valeur de la prétention sociale. C'est pourquoi les affrontements concernant la répartition ne sont au bout du compte que des affrontements pour la reconnaissance qui cherchent à modifier l'interprétation *culturelle* de la performance. [...] Nous devons en conclure que les interactions sociales véhiculées par le marché n'ont pas de statut particulier parce qu'elles sont comme toutes les autres interactions régulées par des *schémas d'évaluation culturels*. C'est pourquoi il n'y a point de départ, ni aucune autre possibilité qui permette de conceptualiser les mécanismes économiques spécifiques de la société capitaliste[32].

Le fait de cette reconnaissance culturelle est certes parfaitement assumé idéologiquement par le libéralisme économique, et tout particulièrement par sa variante capitaliste. Mais ce qui demeure un comble, aux yeux de Nancy Fraser, c'est que la théorie critique comprise comme théorie de la reconnaissance, dont l'intention, comme la chose se trouve déclarée chez Axel Honneth, est bien d'analyser et de contester l'ordre

31 Honneth, 2000b, pages 155 et 157.

32 Fraser & Honneth, 2003, p. 244, cité *in* Schmidt am Busch, 2015, p. 58.

du marché capitaliste, semble jouer le jeu de cette pseudo reconnaissance. Elle regrette alors que la théorie de la reconnaissance ne puisse « par nature pas voir les mécanismes qui ne sont pas réductibles aux schémas d'évaluation culturels » comme, par exemple, « la facilité avec laquelle les entreprises peuvent délocaliser leurs activités dans les régions dans lesquelles le niveau salarial est plus bas ; les intérêts des crédits ; la politique du commerce extérieur (...), les cours de change entre les pays ». Loin d'être des processus de reconnaissance, il s'agit plutôt là, comme le souligne Fraser, « de mécanismes impersonnels qui placent au premier plan la maximalisation des profits des entrepreneurs[33]. » De ce point de vue, conclut-elle alors, Honneth, qui suppose que « l'activité du marché (est) entièrement soumise à la dynamique de la reconnaissance » se rend coupable de « culturalisme limité[34] ». Nancy Fraser établit ainsi, à l'instar de Habermas[35], que seule une analyse structurale, et non pas normative, de la société capitaliste, reste possible et légitime.

La question qui se pose consiste alors à savoir si cette critique forte proposée par Nancy Fraser suffit à démontrer l'inefficacité d'une théorie critique de la reconnaisse pour produire une analyse et une évaluation du capitalisme moderne. C'est cette interrogation que prend en charge Hans-Christoph Schmidt am Busch qui se propose, pour ce faire, d'arbitrer indirectement la discussion entre Fraser et Honneth[36]. Ce dernier relit attentivement la critique que Nancy Fraser établit de l'estime sociale chez Axel Honneth et suggère, qu'à l'inverse de ce que soutient cette dernière dans le sillage de Jürgen Habermas, il n'y a pas lieu d'abandonner l'espoir d'une critique normative du capitalisme contemporain. Son argumentation repose essentiellement sur les trois points suivants.

---

33 *Ibid.*

34 *Ibid.*, p. 248 ; p. 58.

35 Habermas indique en effet que le phénomène pathologique de « colonisation du monde social vécu » par les « systèmes » de l'économie et du pouvoir appelle avant tout que nous puissions établir un diagnostic sur le terrain des zones de vies sociales contaminées plutôt qu'à partir de formes d'organisation rationnelles en finalité. Ainsi : « La rationalisation du monde vécu rend possible un accroissement de complexité dans le système ; cette complexité subit une telle hypertrophie que les impératifs sans freins du système font éclater la faculté de compréhension du monde vécu, qui se trouve instrumentalisée par eux. » (Habermas, 1987, p. 170).

36 *Cf.* Schmidt am Busch, 2015, chap. 5 « *La critique de Nancy Fraser* » (pages 57-60), et chap. 6 « *L'estime sociale* » (p. 61-78).

Schmidt am Busch rappelle tout d'abord que selon Honneth, les institutions économiques (le marché notamment) ne sont pas les seuls acteurs de la reconnaissance. Il faut également considérer l'importance décisive de la reconnaissance juridique qui accompagne l'estime de soi. Honneth avoue certes qu'il n'est pas possible d'enquêter sur l'origine et la manière de la reconnaissance juridique comme reconnaissance morale mutuelle, universellement et pourtant non définitivement établie « en se fondant sur les résultats acquis dans le domaine d'une recherche empirique[37] ». Néanmoins l'estime sociale et la reconnaissance juridique ne peuvent être purement et simplement confondues. C'est ce qui a d'ailleurs justifié la critique qu'Axel Honneth adressait à Mead :

> (...) [Mead] ne peut attribuer à la reconnaissance juridique qu'un contenu normatif limité : ce qui, dans le sujet individuel, accède ici à la reconnaissance intersubjective, c'est seulement son appartenance légitime à un groupe social organisé sur le modèle de la division du travail. Nous avons certes vu que même une telle forme traditionnelle de reconnaissance juridique assure déjà une protection sociale de la « dignité » humaine du sujet ; mais celle-ci coïncide encore entièrement avec le rôle social imparti à l'individu dans le contexte d'une distribution largement inéquitable des droits et des charges[38].

Aux yeux de Schmidt am Busch, on peut donc sans doute reprocher à Honneth de ne pas éclairer de manière plus précise l'articulation entre les processus institués de reconnaissance de la sphère économique et celle du droit. Mais on ne peut lui reprocher de considérer le mérite comme un ordre de reconnaissance suffisant[39].

Le deuxième argument présenté par Hans-Christoph Schmidt am Busch consiste à indiquer qu'Axel Honneth ne demeure pas inattentif à des pathologies aliénantes (« les déformations idéologiques »), tout en maintenant le droit du monde du travail à produire l'estime de soi. Dans *Redistribution ou reconnaissance*, Honneth écrit ainsi :

> Si l'on prend en considération toutes les superpositions et les déformations inhérentes au principe de performance capitaliste depuis le départ, alors il paraît difficile d'en faire un principe normatif de reconnaissance mutuelle ; néanmoins, la mise en pratique sociale de cette nouvelle idée exige que, d'un point de vue normatif tout du moins, l'on conserve le droit d'accorder

37 Honneth, 2000b, p. 135.

38 *Ibid.*, p. 134.

39 Schmidt am Busch, 2015, pages 59-60.

> aux activités de tous les membres de la société une estime correspondant à leur performance et ainsi de garantir une répartition juste des ressources[40].

Ce que Honneth appelle « déformations » s'inscrit, comme le souligne alors Schmidt am Busch, dans le contexte d'une critique de l'idéologie portée par la théorie des marchés. Toute activité nécessaire à la reproduction sociale et évaluée « à partir des seuls contenus du travail[41] » peut ainsi être reconnue comme un travail au sens « sociétal » du terme. La prise en compte de critères qui s'écartent de cette norme s'exprime alors de fait comme déformation idéologique, comme par exemple la corrélation entre la perte de valeur d'une activité et le fait qu'elle soit exercée par des femmes. Cependant Schmidt am Busch remarque qu'en l'occurrence la critique honnethienne de l'idéologie ne consiste qu'à analyser, et ce sans acquiescer, la théorie des marchés. Même si on peut ici aussi lui reprocher de ne donner « aucune information pertinente sur la manière dont il faudrait déterminer le niveau de rétribution des différentes activités[42] », il reste cependant difficile de considérer qu'il cautionne sans mot dire l'évaluation du travail véhiculée par les institutions du marché.

Le troisième et dernier point de l'argumentation élaborée par Hans-Christoph Schmidt am Busch consiste à rappeler que, selon Honneth, l'estime sociale dépend fondamentalement de la conjonction heureuse de deux critères décisifs : l'estime, du point de vue de celles et de ceux qui travaillent, de leurs talents propres, ainsi que la reconnaissance des prestations utiles qui sont proposées à la société[43]. À partir de là, on peut comprendre que travailler en vue du gain et du profit s'inscrit dans le processus culturel de reconnaissance tel qu'il se voit inscrit au sein des mondes du travail. On cherche en effet ici à être estimé et à recevoir une rétribution à la hauteur de ce que le marché juge utile à la société, tout en essayant de faire le moins de concession possible sur ce qui réduirait l'appréciation de nos talents (comme l'acceptation d'un emploi pour lequel nous serions surqualifiés ou d'un emploi qui ne nous autoriserait pas à faire œuvre de nos savoirs et compétences). Schmidt

40 Fraser & Honneth, 2003, p. 174, cité *in* Schmidt am Busch, 2015, p. 75.

41 *Ibid.*

42 *Ibid.*, p. 76.

43 *Cf.* Schmidt am Busch, 2015, 6.2.1. « Le lien entre rapport à soi et rapport de reconnaissance », p. 65-74.

am Busch montre alors que « certaines formes d'égoïsme économique peuvent s'expliquer par la pratique sociale de l'estime méritocratique », ce qui l'autorise à établir, contre Nancy Fraser, que « "la structure sociale du capitalisme contemporain" n'est pas l'autre de la reconnaissance[44] ».

La pertinence de l'estime méritocratique n'est donc pas si facile à rejeter à l'extérieur des processus de reconnaissance, et nous voulons bien croire, comme l'établit ce dialogue entre Hans-Christoph Schmidt am Busch et Nancy Fraser, que les choses sont bien plus complexes. Reste que nous pouvons regretter qu'Axel Honneth, averti de cette complexité, ne semble pas l'avoir pensée avec la radicalité critique qu'on pourrait être en droit d'attendre. On ne trouve pas en effet chez ce dernier de proposition comparable à celle à laquelle pense par exemple Rainer Forst en forgeant le concept de « *droit à la justification* » (*Recht auf Rechtfertigung*[45]). En remontant en amont du concept de redistribution mis en avant par Nancy Fraser, et en précisant l'idée de lutte pour la reconnaissance défendue par Axel Honneth, Rainer Forst accorde ainsi une assise à la fois plus fondamentale et plus précise à une justice sociale interprétée comme « combat pour la dignité[46] ». Partant du constat que « ce qui blesse en premier lieu la liberté des hommes, c'est (…) le fait d'être négligé, de ne pas compter, de ne pas être considéré comme un interlocuteur légitime[47] », Forst souligne alors le besoin social d'établir une « structure fondamentale de la justification[48] ». Le problème en effet selon lui n'est pas tant d'être pauvre, d'être un oublié de l'intégration sociale, ou d'être soumis à la torture ; ce qui est humainement indigne, c'est de se trouver dans l'incapacité, que ce soit de sa propre part comme de la part d'autrui, de trouver une justification de ces conditions vécues. Pour relever cette injustice, Rainer Forst suggère alors d'instituer, au double sens réel et normatif du terme, un droit à la justification à l'aide des trois leviers

44 *Ibid.*, p. 81.

45 *Das Recht auf Rechtfertigung* (*Le droit à la justification*) est le titre que Reiner Forst a donné à un livre publié en 2007 dans lequel il a tenté, à partir de ce concept, de reconstruire la représentation de la justice, comme l'indique la précision contenue dans le titre : *Elemente einer Konstruktivistischen Theorie der Gerechtigkeit* (« Éléments d'une théorie constructiviste de la justice »).

46 *Cf.* Rainer Forst, « *Le combat pour la dignité : exiger un droit à la justification* » (Forst, 2014, p. 32-47).

47 *Ibid.*, p. 46.

48 *Ibid.*, p. 45.

suivants. Il propose tout d'abord de produire une « analyse critique de conditions politiques et sociales injustifiables » : l'exclusion sociale, l'inégalité des droits, ou encore le déni de l'égalité des chances sont ainsi impossibles à soutenir, aussi bien dans le cadre d'une « discussion » entre membres d'une même société, qu'universellement. Il invite ensuite à ce que soient dénoncées les « fausses justifications » censées rendre raison de notre inscription et de notre maintien dans des conditions de vie injustes. Aucun argument, métaphysique ou matériel ne saurait ainsi se soustraire à la critique que tout un chacun doit être en permanence libre de produire. Rainer Forst encourage enfin chacun de nous à réfléchir, et ainsi à se rendre capable de critiquer les « échecs des structures et des institutions justificatrices[49] ». L'estime méritocratique, ordre institutionnel installé par le monde du travail, pour autant qu'il tend à augmenter efficacement la production et le profit en arguant de la fausse justification du bien-être du travailleur, pourrait ainsi probablement tomber sous le reproche d'un déni du droit à la justification.

La capacité de la théorie critique comme théorie de la reconnaissance à produire aujourd'hui une analyse normative efficace de la sphère économique contemporaine, ne nous semble pas propre à être mise en doute. C'est d'ailleurs ce que nous encourage à penser certaines pages de *La reconnaissance. Histoire européenne d'une idée*, consacrées à John Stuart Mill[50]. Honneth suggère ici que Mill, qui semblait pourtant convaincu de l'efficacité économique et politique d'une éthique de la louange et du blâme, se serait ému de « la diffusion de la mentalité capitaliste, plus rapide en Angleterre qu'ailleurs en Europe. » (*ibid.*, p. 86). Ce qui l'aurait conduit, devant « la montée de l'égoïsme, de la soif de profit et de la brutalité sociale » (*ibid.*, p. 87) en Angleterre, à proposer une « théorie qui valorise le sens de l'intérêt général » (*ibid.*) qui le rapprochait de fait, dans un « âge avancé » (*ibid.*) des thèses socialistes. Honneth avoue ainsi manifestement avoir été sensible au fait que Mill ait pris finalement conscience que les ressorts utilitaristes et libéraux de la louange et du blâme ne suffisaient pas à produire une véritable reconnaissance mutuelle. Rainer Forst avoue quant à lui, dans le débat qui oppose Nancy Fraser à Axel Honneth être en

49 *Ibid.*
50 Honneth, 2020, p. 82-88.

accord, plutôt qu'en désaccord, avec ce dernier[51]. Malgré tout cela il reste, encore une fois, qu'on peut regretter que la critique d'Axel Honneth ne soit pas plus incisive envers les institutions capitalistes du marché.

QUELLES SOLUTIONS AXEL HONNETH PROPOSE-T-IL AU PROBLÈME SOCIAL ?

La réflexion qu'Axel Honneth se propose de faire de nos vies sociales, qui n'est pas simplement une analyse ou une enquête sur la société en général, n'est pas seulement non plus une réflexion contemporaine ; elle est une réflexion actuelle, qui nous parle du monde dans lequel nous pensons, agissons, et sentons, aujourd'hui. Or la situation de crise humaine qui frappe les individus depuis le début du XXIème siècle, individus qui se trouvent, de fait, désenchantés du politique, comme a priori suspicieux quant aux intentions plus ou moins dévoilées des acteurs économiques, peut ainsi légitiment nous inviter à nous tourner vers le philosophe. La question de savoir ce que la philosophie sociale en général, la philosophie d'Axel Honneth en particulier, proposent comme solution aux situations actuelles de crise, devient alors une question pressante. Il est cependant besoin de dissiper tout malentendu en la matière. La conviction, en effet, que ce dernier partage avec la tradition du pragmatisme qui veut que, selon la formule baconienne fameuse, reprise par Dewey, « savoir, c'est pouvoir », ne doit pas nous autoriser à considérer pour autant que la mission du philosophe consiste à proposer des recettes propres à être immédiatement appliquées. Honneth, pas plus que les autres penseurs de la philosophie sociale, n'établit en effet de planning familial, de plan économique, ou encore de programme syndical ou politique. De nombreuses observations critiques sur les dysfonctionnements de notre société apparaissent bien, cela dit, comme autant de suggestions positives précises. C'est ce qui se passe, par

51 *Cf. ibid.*, note 26, p. 45 dans laquelle, considérant le risque de voir ce qui est critiquable, étroitement déterminé à partir de « principes établis culturellement », Forst déclare suivre le sens d'une objection que Honneth formule à l'encontre de Nancy fraser.

exemple, lorsque Honneth avoue regretter la disparition de l'esprit et de l'efficacité des « coopératives de consommation d'antan », qui auraient eu aujourd'hui l'avantage de défendre les droits des consommateurs face au lobby de la grande distribution. Il écrit ainsi :

> Il n'existe en l'état actuel presque aucune coordination discursive des comportements consuméristes, coordination qui est pourtant la précondition même de toute liberté sociale dans cette sphère. Il ne semble pas même exister d'accords implicites entre consommateurs qui seraient susceptibles d'unifier la demande et d'exercer une pression sur la fixation des prix et la conception des produits. Les associations de protection de consommateurs sont, quels que soient les pays, relativement impuissantes en face de cette évolution malheureuse, car leur fonction de contrôle, purement négative, et le fait qu'elles n'entretiennent aucun lien direct avec ceux qu'elles sont chargées de protéger les privent quasiment de toute possibilité d'influer sur l'opinion des consommateurs eux-mêmes[52].

Sans doute Axel Honneth propose-t-il alors quelque chose allant dans le sens d'une restauration de l'esprit coopératif d'antan au sein des associations de consommateurs. Ce qui, d'un point de vue pratique, pourrait se traduire par exemple sous la forme d'un soin beaucoup plus grand apporté à la construction de la forme des sondages d'opinions et les enquêtes, plus axés sur la vie des gens que sur le calibre déjà très formaté de leurs habitudes de consommation. Sans doute Honneth conclut-il enfin *Le droit de la liberté* sur ce qui ressemble à une proposition politique : la construction d'un espace démocratique transnational, susceptible d'encourager « un processus d'apprentissage normatif », porté par l'institution d'une « auto-législation publique[53] ».

Cependant il s'agit là de ce que croit Axel Honneth, non certes sans mobiles, mais qu'on ne saurait cependant confondre avec la pensée du philosophe. Cette croyance, en effet, ne peut qu'appeler l'espoir, et demeure incapable par elle–même, de son propre aveu, de transformer les choses. Honneth écrit ainsi, dans les toutes dernières lignes de *Le droit de la liberté* :

> En des temps où la défense de libertés déjà conquises, où les revendications de libertés encore insatisfaites nécessiteraient plus que toute autre chose un public transnational, engagé, nous ne pouvons à peine plus qu'espérer voir

52 Honneth, 2015b, p. 341.
53 *Ibid.*, p. 505.

> se développer, sur la base d'une telle conscience historique, une culture européenne faite d'attentions partagées et de solidarités plus étendues[54].

L'apport du philosophe, qui fonde certes subjectivement cet espoir, se trouve par conséquent en même temps ailleurs. La proposition philosophique d'Axel Honneth tient en effet, selon nous, à deux choses, que nous avons essayé de montrer au fil de ce livre. Elle tient d'une part à la démonstration pratique que la liberté aujourd'hui ne saurait recouvrer un autre sens que social ; elle tient d'autre part et enfin à la refonte de la question de la normativité, qui débouche sur la présentation d'un nouveau statut de l'institution.

La démonstration pratique, ce que nous avons voulu appeler ici la *preuve* du sens social de la liberté, débouche tout d'abord sur une double proposition, théorique et pratique. Théoriquement d'abord, Honneth nous invite désormais à considérer comme obsolète et nuisible la signification réflexive de la liberté que les traditions philosophique, religieuse, et juridique, avaient cultivé en proposant un sens juridique ou un sens moral de la liberté. Être libre ne peut plus justifier, aujourd'hui plus que jamais, encore moins signifier, qu'on se coupe du monde pour réfléchir à ses droits et à ses devoirs, à ce qui nous semble absolument juste et bon. Axel Honneth nous invite alors à opérer certains glissements, qui vont de l'intériorité à l'extériorité, de la subjectivité à l'intersubjectivité, du « je » au « nous », d'une liberté conçue comme simple représentation mentale, à une liberté effective. Telles sont les conditions théoriques d'une preuve du sens social de la liberté. Du point de vue de son développement essentiel, le sens de cette liberté se tisse, selon Honneth, au fil des progrès que nous accomplissons dans notre aptitude à mener « une expérience réciproque consistant à se voir soi-même confirmé dans les désirs et les objectifs de l'autre », de telle façon que « l'existence de cet autre représente une condition de réalisation de nos désirs et objectifs propres[55] ». Dans ces conditions, et en dépit de l'absence du terme « *Anerkennung* » (« reconnaissance »), dans le titre de l'un des derniers livres d'Axel Honneth qui ne conserve que la notion de liberté[56], la question d'une évolution de la pensée du philosophe, qui serait passé d'une philosophie de la reconnaissance à une philosophie de la liberté,

---

54 *Ibid.*, p. 513.

55 *Ibid.*, p. 75.

56 *Das Recht der Freiheit* (*Le droit de la liberté*).

nous paraît être un non-sens[57]. En effet, la reconnaissance s'affirme à notre sens chez Honneth comme le développement essentiel de la liberté sociale, en enrichissant le parcours de son effectuation. Ce dernier nous éclaire ainsi sur ce que signifie aujourd'hui la liberté effective, en nous montrant qu'elle ne saurait se penser ailleurs, ni à contretemps de la pratique individuelle d'une vie sociale qui nous autorise à apercevoir la liberté des autres comme condition de notre propre liberté.

D'un point de vue pratique, Axel Honneth se propose enfin de nous faire comprendre que les différentes pathologies sociales reposent sur cette difficulté que les attentes normatives des autres nous demeurent trop souvent méconnues. Nos propres attentes normatives restent quant à elles trop souvent ignorantes de la réalité intersubjective à partir de laquelle elles s'expriment pourtant. De façon à apercevoir le changement de perspective auquel nous convie ici Honneth, il ne serait pas inutile de revenir à la page de *Le droit de la liberté* dans laquelle ce dernier dénonçait le rôle aujourd'hui insuffisant des associations de consommateurs[58]. Honneth regrette ici que nous nous soyons durablement habitués à regarder aujourd'hui les associations de consommateurs sous la forme de ce qu'elles étaient censées combattre : nous avons tendance, en effet, à les considérer comme autant de lobbies. Si bien que nous assistons désormais, par exemple, à une lutte aussi aveugle qu'obstinée, décrite par Honneth à la page 341 de *Le droit de la liberté*, entre le lobby des usagers de SUV[59], qui revendiquent et défendent le droit de leurs consommateurs de conduire partout, y compris en ville, un véhicule de « hautes performances », et le lobby des conducteurs soucieux avant tout de polluer le moins possible, qui ne conçoit pas que tous les moyens possibles ne soient pas mis au service de cette finalité écologique et sanitaire. Cet état des lieux singulier nous fait ainsi oublier que la vocation des associations de consommateurs, loin de s'affirmer comme pôle des revendications partisanes, devrait au contraire interroger les conditions de possibilité d'une vie commune, en l'occurrence d'un usage commun de l'espace routier. Le philosophe nous invite alors sans doute à ce que

57 Voir, dans la perspective de ce questionnement, Mark Hunyadi (sous la direction de), *De la reconnaissance à la liberté*, (Hunyadi, 2014).

58 Voir, *le droit de la liberté*, p. 341.

59 SUV (« Sport Utility Vehicle ») est un acronyme désignant un véhicule de gabarit légèrement plus imposant et légèrement surélevé par rapport à une voiture ordinaire, capable en principe de rouler sur des terrains variés.

nous nous demandions, en l'occurrence, ce qui fait obstacle à une possibilité d'offrir aux automobiliste un espace routier susceptible de servir à la fois le plaisir de ceux qui souhaitent jouir d'un véhicule de haute performance, et le besoin de ceux qui, et pourquoi d'ailleurs ne pas envisager que ce soit les mêmes, manifestent le soin de l'environnement urbain. Cet exemple montre d'ailleurs que nous avons d'autant plus intérêt à nous poser la question, qu'on ne peut compter, en l'occurrence, sur les régulations économiques ou sur les règlements politiques pour trouver une solution. La loi du marché sanctionnera dans les faits le constat que le désir de posséder un SUV reste encore aujourd'hui plus élargi que le besoin de préserver notre environnement, et continuera à privilégier la construction de tels véhicules par rapport à des véhicules moins polluants. Le politique, quant à lui, pourra décider de taxer les véhicules les plus polluants, rendant ainsi les voitures à hautes performances hors d'accès pour de nombreuses personnes. La conscience d'une telle difficulté, accompagnée de notre volonté de nous accorder ensemble, non pas en dépit, mais au contraire précisément, pour cette raison, que nous avons des convictions et des attentes variées et différentes, pourra ainsi peut-être produire les conditions heureuses à ce que se détermine une action politique juste. Honneth nous propose ainsi d'encourager notre réflexion et de susciter l'encouragement de la réflexion des autres sur la question de ce qui pourrait améliorer nos vies, en faisant œuvre de l'idée que la liberté exige la conciliation intersubjective de nos attentes normatives et de nos vies réelles.

L'autre apport décisif de la philosophie sociale d'Axel Honneth, consiste enfin selon nous dans l'adoption d'un institutionnalisme qu'il ne cautionnait encore absolument pas en 2001, au moment où il avait écrit *Leiden an Unbestimmtheit* (*Les pathologies de la liberté*). Dans *Le droit de la liberté*, ce dernier prend désormais en effet au sérieux le contenu du § 154 des *Principes de la philosophie du droit*, qui ne lui était apparu jusqu'alors que comme la façon maladroite dont Hegel donnait ici le change, pour mieux faire passer « la surinstitutionnalisation de l'éthicité[60] ». Hegel, qui voulait montrer en 1820 que les institutions de la famille, de la société civile, et de l'État n'apparaissait pas comme une limite de la liberté subjective, mais au contraire comme sa condition, avait alors écrit :

60 *Cf.* Honneth, 2015b, p. 106-128.

> Le droit des individus à leur *particularité* est également contenu dans la substantialité éthique, car la particularité est le mode extérieurement apparaissant sous lequel l'élément éthique existe[61].

Dans *Das Recht der Freiheit* (*Le droit de la liberté*), Honneth redécouvre ainsi en 2011 l'intérêt de ce texte qui indique que l'institution peut être le moyen de la liberté subjective. Ce qui donne lieu à une redéfinition de l'institution qui autorisera Honneth lui-même à défendre des positions institutionnalistes.

Honneth nous invite en effet à ne plus considérer les institutions comme autant de choses symboliques meublant la vie éthique ; ce qui était encore le cas en 2001, au moment où il avouait avoir repéré des indices de « surinstitutionnalisation de l'éthicité » dans l'aspect substantiel des contrats de famille ou des corporations de la société civile[62]. Délaissant désormais cette approche substantialiste, Honneth nous propose désormais de comprendre l'institution comme le processus organique de « coagulation » de la liberté, processus qui a commencé bien en deçà de l'État, dans les « sphères avoisinantes des relations personnelles et du marché économique[63] ».

Dans ces conditions, l'institution se trouve redéfinie comme un état d'équilibre, dynamique dans son comportement, intersubjectif dans sa forme, encourageant les progrès que les individus accomplissent pour mener une vie libre. Comme nous l'avons fait remarquer dans le chapitre précédent[64], considérer que les institutions culturelles sont des ordres de reconnaissance ne va cependant pas sans poser problème. Le principe de redistribution salariale établi sur ce que les institutions économiques modernes jugent méritoire ne peut, en effet, nous satisfaire, pas plus d'ailleurs que, dans la famille, le mariage ne saurait garantir l'amour, ou qu'une constitution démocratique nous mettra à l'abri des injustices. Honneth ne pense pas que les institutions sociales aient pour vocation de réduire comme par enchantement les pathologies sociales. Néanmoins il n'adopte pas, selon nous, l'attitude paresseuse ou condescendante que tend à lui reprocher Nancy Fraser en parlant de « culturalisme

---

61 Hegel, 2013, § 154, p. 324.

62 *Cf.* Honneth, 2008, p. 114 *sq.*

63 Honneth, 2015b, p. 304.

64 Les « ordres de reconnaissance insitutionnalisés » suffisent-ils à nous reconnaître ? Le problème de l'estime méritocratique.

limité[65] ». Alors même qu'on peut sûrement lui reprocher de ne pas préciser le statut de certains ordres institutionnalisés de reconnaissance, il paraît plus difficile en effet de l'accuser d'en oublier la complexité. Si les institutions ont un rôle à jouer, selon Honneth, c'est précisément parce qu'elles apparaissent comme le seuil et l'horizon d'un droit de la liberté qui ne peut s'effectuer qu'au cœur de la vie sociale, et que loin de notre vie sociale, il ne saurait y avoir ni reconnaissance ni liberté. Ce qui exclut les formes réflexives de la liberté où la liberté ne se vit que dans nos têtes aussi bien que des formes pathologiques de notre vie sociale où les liens de reconnaissance n'existent pas ou n'existent qu'en trompe l'œil. En ce sens l'institutionnalisme honnethien n'est pas sans rappeler l'institutionnalisme hégélien qui ne se satisfaisait ni du droit de la coutume ni des droits juridique et moral, et qui cherchait dans les institutions de la famille, de l'économie, et de l'État, à penser l'institution vitale et vivante de la liberté. Dans le sens déjà social de la liberté tel qu'il apparaissait chez Hegel, la liberté de l'autre et la justice des institutions apparaissent comme des conditions de ma propre liberté.

Ce double apport philosophique qui consiste à prouver le sens social de la liberté d'une part, à proposer un sens à la fois hérité et nouveau de l'institution d'autre part, conduit finalement Honneth à exhorter les individus que nous sommes à nous accorder sur des attentes normatives suffisamment cohérentes pour être institutionnellement confirmées par l'« État de droit démocratique ». Honneth ne se résout pourtant pas à publier explicitement ses convictions institutionnalistes, et préfère parler d'« étai méthodologique de (…) (sa) propre reconstruction normative[66] ». Le contenu de cette offrande méthodologique ne laisse pourtant guère de doute sur l'acte de naissance, en 2011, d'un institutionnalisme honnethien. Axel Honneth décrit en effet le rôle de l'État dans les termes suivants : « L'État représente l'"organe réflexif" ou le réseau des instances politiques à l'aide duquel les individus communiquant entre eux tentent d'appliquer leurs idées, des idées mises au jour sur le mode "expérimental" ou "délibératif", et portant sur les solutions moralement et objectivement appropriées aux problèmes sociaux se posant dans la réalité[67] ». Depuis 2019, date de publication de *Eine Geschichte moralischer Selbstkorrekturen. Auf den Spuren europäischer Solidarität*

65 *Cf.* Fraser & Honneth, 2003, p. 248.
66 *Ibid.*, p. 468.
67 *Ibid.*, p. 467.

(*Abolir les injustices, l'emporter sur le crime : retour sur les sources de la solidarité européenne*)[68], les choses sont encore plus claires. Honneth indique en effet la nécessité dans laquelle se trouve l'Europe aujourd'hui, pour faire face à ses traumatismes passés et actuels, ainsi que pour prévenir les traumatismes à venir, d'instituer un « gouvernement supranational » (*ibid.*, p. 181).

> Nous sommes obligés, affirme-t-il alors, de nous soutenir et de nous entraider parce que notre histoire nous a enseigné que les dispositions à la destruction et à la soif de puissance qui travaillent l'Europe ne sauraient être maîtrisées sans des procédures coopératives de contrôle moral de nos comportements[69].

Le besoin d'État se justifie ainsi comme une réponse fonctionnaliste au besoin moral, psychologique, et affectif, de ce que, sur le modèle freudien du « sur-moi », Honneth appelle désormais un « sur-moi collectif » (*ibid.*, p. 179) ou un « sur-nous » (*ibid.*). Honneth concluait d'ailleurs *le droit de la liberté* en soulignant que les progrès de la liberté sociale dépendraient de notre capacité à accorder une voix à un *dèmos* européen, bâti sur une volonté démocratique d'accorder nos attentes dans un concert que le politique serait forcé, désormais, d'entendre. Pour ce faire, les difficultés de négociations liées à l'activité de délibération, qui échappent sans doute en grande partie au philosophe, restent entières. Comme le souligne en effet Axel Honneth, il ne suffit pas qu'il y ait association pour qu'il y ait coopération[70]. Ce à quoi nous pourrions ajouter, en songeant à la distinction soulignée par Charles Taylor entre « significations communes » et « significations partagées[71] », que le partage des points de vue ne saurait absolument pas nous garantir que nous nous accordons avec les autres sur les termes mis en jeu pour discuter de ce que doit être une vie réussie. Cet accord, en effet, n'est jamais donné mais construit, et reste toujours, inlassablement, à reconstruire, ce dans le respect des dissonances des convictions des uns et des autres.

---

68 Honneth, 2019, Honneth, 2020.

69 Honneth, 2020, p. 180-181.

70 Honneth, 2015b, p. 341.

71 « (...) les significations communes diffèrent considérablement du consensus, dans la mesure où elles peuvent subsister alors que les clivages sont très importants. C'est ce qui ce qui arrive lorsqu'une signification commune en vient à être vécue et comprise de façon différentes par différents groupes d'une société. (...) On pourrait sans doute dire qu'une signification commune est très souvent la cause des dissensus les plus acharnés. Elle ne doit donc pas être confondue avec la convergence d'opinion, de valeur ou d'attitude. » (Charles Taylor, « L'interprétation et les sciences humaines » in *La liberté des modernes*, Taylor, 1999, p. 169-170).

CONCLUSION

Une réflexion politique

En dépit des embarras que constituent l'éthique de la lutte, la prééminence de l'intime, la valeur normative accordée au mérite, en dépit même de l'aspect suggestif des solutions qu'il envisage pour relever les injustices et instituer une liberté sociale, il ne nous semble pas contestable qu'Axel Honneth nous propose une réflexion politique utile à penser notre présent, en nourrissant l'espoir de mieux le vivre. Chez Axel Honneth, cette réflexion politique, pour peu qu'on considère l'attention aux questions d'intégration et de justice sociale qui la caractérise, prend sans doute la forme d'une philosophie de l'action. Le travail qui consiste à comprendre le tissu social dans sa singularité et sa complexité cherche ainsi à orienter nos activités individuelles, nos activités associatives et coopératives, nos activités institutionnelles enfin, dans le sens de l'amélioration de nos vies. C'est pourquoi l'intelligence des crises de la reconnaissance largement encouragées dans et par le contexte de l'infection capitaliste qui gangrène notre économie de marché, nous invite en même temps à désirer et à penser des rapports sociaux plus justes et plus libres. Plus et mieux nous comprenons les situations de troubles de la confiance qui nous abîment, et plus franchement et clairement, en effet, appelons nous à aimer et à être aimés, à estimer et à être estimés, à ce que les droits des acteurs sociaux que nous sommes soient enfin reconnus.

Nous ne voulions pas achever ce livre sans souligner les moments essentiels qui animent cette réflexion politique, et qui ont conduit son auteur à redéfinir le concept de liberté en un sens social. Pour ce faire, la critique qu'Axel Honneth propose du droit et du pouvoir nous paraît d'abord indispensable à rappeler, de même que l'intérêt que constitue pour lui un retour sur nos pratiques sociales de la liberté et de la justice.

Enfin l'idée originale d'une démultiplication de notre vie sociale toujours complexe, nous semble constituer un axe majeur de la réflexion du philosophe, sur lequel nous nous proposerons de terminer.

UNE CRITIQUE DU DROIT ET DU POUVOIR

La philosophie de l'action, qu'on ne saurait distinguer chez Honneth d'une analyse de la société, repose d'abord, nous semble-t-il, sur une double critique du droit et du pouvoir.

En tant que critique du droit, la réflexion que nous propose Axel Honneth prend à la fois la forme d'une critique du droit juridique et politique ainsi que celle d'une critique du droit moral. Le droit du juriste comme celui du juge d'abord, ne se satisfait que de formuler ce qui doit être, sans considérer les conséquences vivables de ce qu'il prescrit. La posture normativiste ou décisionniste, ainsi que le déontologisme dans lequel il se tient, le rend aussi indispensable qu'insuffisant. Indispensable bien sûr puisque sans droit d'interdire, aucun ordre social ne pourrait être assuré, et chacun ferait ce qu'il voudrait dans une indifférence ou un mépris vis-à-vis des autres qui seraient *de facto* privés de leurs libertés. Mais l'efficacité toute négative de ce droit se paie de son pouvoir nuisible lorsqu'il tente de s'affirmer de manière autarcique. Cela peut parfois donner lieu à une perversion de la fonction politique lorsque son détenteur, oublieux de sa mission de produire et d'encourager le lien social, ne se fait plus que promulgateur du droit d'interdire. Il n'est pas impossible que ce soit là le sentiment qu'a pu donner le président de la République française à beaucoup de téléspectateurs le soir du 14 octobre octobre 2020. Le propos était certes d'annoncer de nouvelles restrictions à des individus ayant déjà vécu presque deux mois de confinement pour arrêter la propagation de la contagion virale de la Covid-19. Les habitants de neuf communes en France devraient désormais ne plus sortir de chez eux sans masque de protection, et ne pourraient plus le faire de 21 heures à 6 heures. Au regard du sens qu'Axel Honneth accorde à la liberté sociale, la question n'était alors pas de savoir si le « couvre-feu » aurait dû être prononcé. La question n'était même pas de savoir si ce dernier aurait dû commencer une heure ou deux heures plus tard, de façon à accorder à la population française une liberté d'action plus grande et ainsi de faire que les restaurateurs, patrons et employés de bars, de cinéma, de salles de spectacles, etc., maintiennent leur droit légitime de travailler le soir. Ce qui aura pu choquer en revanche c'est la forme d'une parole politique qui, oublieuse de sa vocation à lier les individus dans un État, ce fit, ce soir-là, parole purement juridique.

De cette intervention présidentielle on ne retient en effet que l'interdiction qu'elle a prononcée ainsi que ce fameux « C'est dur d'avoir 20 ans en 2020 », concession lancée aux jeunes, sans doute pour s'excuser auprès de toutes et de tous de ne pas en dire plus. Cela n'aurait pas été pure injustice pourtant que d'accorder à tous qu'il y a de la souffrance à se délier des autres qui sont nos amis, nos parents, nos collègues, pour ne plus apprécier chez eux que ce que nous offre le partage entre des malades (indésirables) et des bien portants (suspectés d'être de possibles « porteurs asymptomatiques » ou de potentiels « cas contacts »). C'est, ni plus ni moins, ce que nous aurions été en droit d'attendre d'une parole politique consciente du fait que si ses décisions peuvent faire droit, cela ne suffit pas à faire œuvre véritablement politique. Ce n'est pas du côté du droit en tout cas qu'on peut espérer voir se tisser ou se renforcer le lien social.

Cette critique du droit juridique se voit complétée chez Honneth par une critique du droit moral, tout aussi insuffisant à produire et à assurer la justice et la liberté sociales. Comment en effet ne pas s'effrayer d'un prince qui agirait envers son peuple par pure conscience de ce qui lui parait juste ? Comment ne pas se défier de rapports sociaux qui se montrent sous l'aspect de purs rapports moraux ? Le droit moral est hypocrite lorsque, décidant seul de ce qu'il serait bon de faire, il méprise sciemment les conséquences sociales de ce qu'il décrète. Cette hypocrisie du droit moral peut ensuite tourner en paternalisme morbide lorsque ce dernier cherche à prévenir les autres de maux que lui seul se représente. Seule compte alors la discipline de la volonté, dont la vertu consiste à se faire plus forte que le monde. Telle est l'attitude de la nouvelle gouvernante de Flora et Miles dans *Le tour d'écrou* de Henry James. Persuadée de l'attirance maléfique exercée par les fantômes d'un ancien serviteur et de l'ancienne gouvernante sur les deux enfants dont elle s'occupe, celle-ci décide, sous prétexte de protéger le monde intériorisé de la maisonnée qui est devenu son monde, de durcir de façon irréparable la force de ses convictions. La nouvelle gouvernante se confie alors :

> Là, à présent, je sentais de nouveau – car je l'avais senti et ressenti bien souvent – combien mon équilibre dépendait de la rigueur de ma volonté, ma volonté de fermer les yeux aussi fort que possible à la vérité (...). Je ne pouvais aller de l'avant qu'en prenant la « nature » en compte, en lui faisant confiance, et en considérant ma monstrueuse épreuve comme une incursion dans une direction, bien entendu, inusitée et déplaisante, mais qui après tout, pour y faire front, ne demandait à la vertu humaine qu'un tour d'écrou supplémentaire. Néanmoins, commente-t-elle, aucune entreprise n'exigeait plus de tact que celle de représenter soi-même *toute* la nature[1].

Honneth commente :

> Henry James décrit dans *Le Tour d'écrou* (*The Turn of the Screw*) comment une gouvernante en vient à détruire les vies des enfants lui ayant été confiés en cherchant à les convaincre, dans son zèle moraliste digne d'une missionnaire, que les fantômes qu'elle hallucine représentent en réalité de véritables et terribles dangers. Exactement comme dans *Daisy Miller*, c'est la volonté absolue de faire le bien qui actionne ici aussi, dans une sorte de retournement paradoxal, une chaîne de causalités finissant en désastre[2].

Comme il en va du défaut du droit juridique, le défaut du droit moral ne consiste cependant pas selon Honneth dans un vice absolu et fondamental, si bien que leur critique n'appelle pas du tout leur suppression. S'interdire de faire ce que l'on veut dans un espace que nous partageons avec les autres et réfléchir à ce qu'il serait bon de faire, restent des conditions indispensables pour mener une vie bonne. Ce que refuse Honneth en revanche, et ce dans les deux cas, c'est une conception solipsiste du droit qui ne laisse aucune chance à la vie sociale.

Cela dit, le fait de la vie sociale, autrement dit la considération des relations intersubjectives réelles entre des individus qui coexistent dans un espace partagé, ne garantit cependant pas plus à ces mêmes individus d'être et de se sentir libres. Le tissu social n'est en effet ni homogène ni stable, et subit en permanence des tensions de pouvoirs qui tantôt resserrent ses liens, tantôt les desserrent jusqu'à des extrémités intolérables. Cela conduit Axel Honneth à compléter sa critique du droit par

---

1 James, 2014, p. 145.
2 Honneth, 2015b, p. 384.

une critique du pouvoir, critique du pouvoir qui prend chez lui la forme d'une discussion avec Michel Foucault.

Ce que nous appelons ici une « discussion » entre Honneth et Foucault se trouve utilement illustré dans le passage que le philosophe de Francfort consacre à la question du pouvoir chez le philosophe français aux chapitres quatre, cinq, et six, de la seconde partie de sa *Critique du pouvoir*[3]. Au cours de ces pages, Honneth nous révèle l'ambigüité du rapport qui lie sa réflexion à celle du philosophe français. Saluée pour avoir aperçue la manière dont les pouvoirs irriguent nos vies sociales en créant des tensions permanentes, la réflexion foucaldienne se trouve aussitôt décriée pour avoir oublié, du moins jusqu'en 1968, la réalité sociale où s'exercent les luttes. Foucault s'était alors rendu coupable, selon Honneth, d'ignorer les stratégies de ceux qui exercent les pouvoirs ainsi que la psychologie de ceux qui les subissent.

Avant de reconnaître dans l'œuvre de Foucault une véritable « théorie de la reconnaissance » bien qu'« indirectement engagée[4] », Honneth avait en effet regretté que dans *Les mots et les choses* ou dans *L'archéologie du savoir*, Foucault soit passé à côté de son projet ambitieux qui consistait à chercher à comprendre ce qui pèse sur nos vies et embarrasse nos libertés. Les efforts que fit ce dernier pour se désinscrire de sa propre culture pour observer ce que peuvent les discours lorsqu'ils font « *plus* que d'utiliser (...) [des] signes pour désigner les choses[5] » tournèrent selon Honneth en une « ethnologie » dommageable. Inspirée du structuralisme ambiant en France dans le cours des années 1960, cette ethnologie foucaldienne présentait le travers, selon Honneth, de réduire dans une sémiologie du pouvoir, la réalité sociale de celui-ci à la seule réalité du discours[6]. Ainsi, par exemple, le fait de s'intéresser aux relations intersubjectives au sein de l'hôpital à partir du seul « discours médical » (parole et autorité du médecin, signification du lieu, sens de l'environnement technique, etc.) reste insuffisant pour comprendre la réalité de ce qu'endurent les malades devenus patients ainsi que leurs familles, pour comprendre la réalité de ce qu'endurent aussi les équipes médicales, etc[7].. De sorte que « le pouvoir de la clinique » ne saurait faire l'économie, selon Honneth,

---

3 Honneth, 2017a, p. 129-239.

4 *Ibid.*, p. 204.

5 Honneth cite ici un passage de *L'archéologie du savoir* (*ibid.*, p. 170).

6 *Cf. ibid.*, p. 177.

7 *Ibid.*, p. 172.

des tensions psychologiques et affectives réelles, quoiqu'indicibles, qui le structurent.

Le contexte de la révolte des étudiants et des travailleurs en France au printemps 1968 semble cependant avoir modifié les choses, et Axel Honneth indique qu'à partir de là, l'analyse foucaldienne change à la fois de méthode (passant de la sémiologie à l'analyse sociale) et d'objet (passant de l'ordre des savoirs à l'ordre des pouvoirs)[8]. Renvoyant dos à dos une théorie bijective de la lutte rencontrée chez Marx et les marxistes (notamment Althusser) et une théorie de la domination politique (on pense ici aux penseurs du *Machtstaat* comme Treitschke, Weber, ou Carl Schmitt) Foucault en vint heureusement, selon Honneth, à proposer en effet une pensée originale et utile du pouvoir. Cela commence par le fait de reconnaître une « lutte continuelle entre des acteurs sociaux[9] » qui interdit de considérer la lutte comme une exception historique ou comme autant d'objets se succédant de façon discontinue dans le temps. La lutte se trouve désormais comprise comme un processus essentiel qui anime tout le temps de notre réalité sociale. À l'encontre de ce que soutenait Marx ou Weber, le pouvoir, d'autre part, ne s'aurait être compris sous la forme bijective de la lutte des classes ou sous la forme unilatérale de l'exercice de la violence légitime et exclusive de l'État. Le pouvoir, qui ne se trouve plus ici réduit au fait de l'idéologie ni au fait de la violence[10], peut alors être aperçu comme un réseau articulant des tensions multiples et variées dans la réalité sociale, phénomène que peut observer de façon efficace une « microphysique des pouvoirs[11] ». Axel Honneth apprécie enfin que Foucault, inspiré en l'occurrence par Nietzsche, reconnaisse une instabilité permanente du pouvoir qui ne saurait être la propriété des uns ou des autres, mais un état de tension sociale sans cesse créé et recrée[12].

Cependant, si Honneth reconnait bien dans cette analyse de la continuité du pouvoir, de sa forme réticulaire, de son instabilité créatrice enfin, une « théorie de la reconnaissance » dont il se sent manifestement proche, Foucault reste néanmoins éloigné selon lui de la perspective de la philosophie sociale, ou même de la théorie critique. À la différence

---

8 *Cf. ibid.*, p. 184-185.
9 *Ibid.*, p. 186.
10 *Ibid.*, p. 194-195.
11 *Ibid.*, p. 191.
12 *Ibid.*, p. 196-198.

d'Adorno qui, comme le souligne Honneth, tenta de « retracer les répercussions intrapsychiques et sociales » au cœur des rapports de pouvoir[13], Foucault s'inscrivit dans une attitude behavioriste. N'ayant pas réussi à « saisir le social seul comme champ de conflits stratégiques » il s'en tient en effet, selon Honneth, à « un point de vue fonctionnaliste » en observant l'histoire des coercitions sociales sous le seul aspect d'un « accroissement du pouvoir social[14] ». Ce dernier montre ainsi comment, dans *Surveiller et punir*, le projet d'établir une généalogie de la prison en vient à rater une généalogie pourtant promise de « l'âme humaine[15] » en se taisant sur les intentions stratégiques de ceux qui enferment et torturent, de même que sur la souffrance des enfermés et des torturés. Sans doute la perspective que choisit d'adopter Elsa Dorlin[16] dans l'analyse originale qu'elle propose de la violence, correspond-t-elle beaucoup mieux au style de la philosophie sociale et répare semble-t-il, ce qui manquait, selon Honneth, chez Foucault. Dans le prologue de l'ouvrage, intitulé « Ce que peut un corps », elle propose ainsi un *analogon* inversé de ce qu'on pouvait lire dans *Surveiller et punir*. Le supplice de Millet de la Girardière repose ainsi entièrement sur ce que peut son corps et son âme, à l'inverse de Damiens qui, dans *Surveiller et punir*, pâtit de ne rien pouvoir faire et d'être entièrement assujetti à son bourreau[17]. Comme le souligne Elsa Dorlin, le stratagème extraordinaire imaginé par les inventeurs de ce dispositif installé sur la place de Pointe à Pitre en 1802, consiste en ce que la douleur et la souffrance du supplicié augmentent à mesure des efforts qu'il produit pour se défendre, à tel point qu'il peut avoir le sentiment qu'il se met à mort lui-même. Dorlin, en se demandant ce que cela fait d'être supplicié, rejoint donc bien selon nous les rivages de la philosophie sociale.

La critique du pouvoir chez Honneth va donc dans le même sens que sa critique du droit. Les tensions et les luttes inhérentes à notre vie sociale et à notre histoire ne peuvent pas plus être comprises par le regard d'un observateur extérieur que la liberté et la justice ne sauraient être les seuls faits de la personnalité juridique ou de la personne morale. C'est pourquoi, selon, Honneth, le philosophe désireux de penser ce qu'est une

13 *Ibid.*, p. 237.
14 *Ibid.*, p. 238.
15 *Ibid.*, p. 225.
16 *Cf.* Dorlin, 2017.
17 *Ibid.*, p. 13-14.

vie bonne n'a pas d'autre choix que de prendre la mesure d'une réalité sociale qu'il n'a pas simplement sous les yeux, mais au cœur de laquelle il est inscrit ; il n'a pas d'autre choix, enfin, que de prendre la mesure de cette réalité dans toute l'ampleur mentale et affective qui l'anime.

RETOUR SUR NOTRE PRATIQUE SOCIALE DE LA LIBERTÉ ET DE LA JUSTICE

La critique du droit et du pouvoir, pour autant qu'elle se fonde sur l'argument d'un risque d'oubli de la réalité historique et sociale, commande fort logiquement un retour sur nos pratiques sociales ordinaires de la liberté et de la justice. Axel Honneth établit ainsi qu'il ne saurait y avoir de liberté que sociale, et que l'effectivité de cette liberté ne saurait dire quelque chose d'autre, dans le même temps, que l'effectivité de la justice.

Cela implique tout d'abord que nous admettions que la liberté se trouve toujours déjà là dans nos activités sociales, même si ce n'est que comme possibilité ineffective d'une vie véritablement libre. C'est en effet le cas pour peu que nous considérions nos représentations juridiques et morales en prenant soin toutefois de bien différencier celles-ci des représentations du juriste, du prêtre ou du martyr, qui restent à tous égards des manifestations d'une mentalité exceptionnelle en comparaison du cours prosaïque de nos vies. Pour peu que nous nous attachions en revanche à réfléchir à nos représentations ordinaires, la question de la liberté surgit alors sous la forme de tensions ou de crises mentales excitées par notre activité sociale.

Elle peut ainsi se vivre comme la recherche d'un équilibre tendu dans le vif d'une délibération tiraillée entre les extrémités intenables d'une décision ferme et rigide, et d'une concession lâche de la volonté à nos sentiments. C'est l'épreuve d'une pareille tension qui peut troubler l'esprit d'un professeur d'université qui découvre que son collègue et ami s'est satisfait, pour rédiger sa thèse, de recopier le texte d'un autre. Aller dénoncer *illico* le plagiat auprès du recteur de l'Université serait ici une injure faite aux relations d'amitié et de collégialité qui lient les deux individus. Mais, à l'inverse, ne rien dire sous prétexte que le plagiat est le fait d'un ami et d'un collègue, consisterait à faire fi de la justice. L'épreuve de la liberté se joue ici dans la mesure d'un équilibre difficile à tenir pour produire un accord entre l'exigence sociale de l'amitié et de la collégialité et l'exigence morale imposant de faire ce qui est juste[18].

On s'aperçoit alors que l'épreuve mentale de la liberté peut ainsi s'étirer entre notre tentation d'observer purement et simplement nos droits, et l'appréciation de ce qu'un tel exercice de nos droits pourrait faire aux autres. Cela peut alors tout aussi bien devenir l'affaire d'un homme ou d'une femme qui, au lendemain de leur divorce, peuvent être tentés de réclamer, chacun contre l'autre, le droit de garde de leur enfant, ce au détriment de l'enfant lui-même comme au détriment de son ex-conjoint[19].

On voit bien qu'à chaque fois la liberté se vit ici sous la forme d'une crise de la décision qui trouble notre esprit. Cette crise peut s'exprimer sous la forme somme toute fréquente de l'indécision, qui constitue toujours un double handicap psychologique et social, comme sous la forme pathologique de l'aboulie chronique qu'Axel Honneth reconnaît chez Dwight Wilmerding, le personnage central du roman de Benjamin Kunkel intitulé *Indécision*[20]. Considérant cet individu « incapable de former des convictions ou des intentions d'une durée supérieure à une journée[21] », Axel Honneth s'intéresse alors à la façon dont Dwight entame une auto-analyse systématique de son trouble en se coupant encore plus du monde.

On s'étonnera peut-être qu'Axel Honneth, qui souhaite assumer complètement l'analyse sociale comme un aspect essentiel de sa philosophie, recoure pour ce faire à des personnages de fiction, à l'exception, du moins peut-on le croire, de la situation du professeur d'Université découvrant un plagiat. Mais il faut rappeler que l'art, et spécifiquement l'art du roman et l'art cinématographique, jouent le rôle d'un catalyseur selon lui. L'art autorise ainsi le penseur critique à relever dans la réalité sociale des aspects pourtant essentiels de celle-ci, alors même que notre inscription sociale ne nous permet pas de les apercevoir ordinairement. Nul doute donc que

18 Honneth, 2015b, p. 361-363.

19 Honneth épingle ainsi une telle attitude dans le personnage de Ted Kramer dans le film de Robert Benton, *Kramer contre Kramer* (*ibid.*, p. 290-293).

20 *Ibid.*, p. 300.

21 *Ibid.*

lorsque Honneth nous parle de Dwight Wilmerding, de Ted Kramer, ou d'un professeur d'université, c'est bien de nous, qui partageons un même espace historique et social, dont il nous parle. La narration fictive assure donc bien ici la fonction pleine et entière de l'analyse sociale en exemplifiant des moments caractéristiques dans le cours ordinaire de nos vies.

La réalité de nos représentations ordinaires et de nos états mentaux, que la réflexion d'Axel Honneth s'efforce de penser, se complète sans surprise de la réalité de nos faits et gestes quotidiens pour autant qu'ils se voient eux aussi animés de tendances contradictoires. L'équilibre de la liberté dans la vie de famille, par exemple, tient donc ici aussi dans la tension entre l'activité libre de chacun de ses membres et l'observation plus ou moins consciente d'une normativité immanente à sa structure. C'est pourquoi Axel Honneth remarque que l'individu qui tenterait aujourd'hui de reproduire dans ses actes le modèle désuet d'un schéma patriarcal, ignorant plus ou moins naïvement les « faits normatifs » qui orientent l'activité familiale, s'aliènerait lui-même ainsi que tous les autres membres de la famille, et causerait une injustice flagrante[22]. La liberté ne peut ainsi se comprendre en considérant seulement le pôle de nos attentes subjectives. Elle convoque l'intelligence de la coïncidence problématique entre ces attentes subjectives et la réalité objective des différentes sphères sociales (la famille, la sphère de notre vie économique, celle de l'État) irriguées par leurs propres injonctions normatives.

Pour Axel Honneth il n'y a donc pas d'état de nature ou de position originelle, bref de degré zéro ou de période de fonctionnement à vide de la liberté. L'idée d'une institution *ex nihilo* d'une liberté de vouloir ou d'une liberté de faire qui produirait ses œuvres dans un temps pré-historique et dans un espace pré-social n'est pas simplement impossible ; elle est absurde. De ce point de vue, la philosophie d'Axel Honneth s'inscrit dans la continuité du travail critique que des penseurs comme Charles Taylor ou Michael Sandel développèrent à l'encontre du procéduralisme rawlsien. Au regard de l'histoire des idées, ce retour à la réalité sociale commandé par la pensée honnethienne se trouve d'ailleurs assumé sous la forme d'une reconstruction de la philosophie hégélienne de l'esprit objectif, et marque une rupture franche vis-à-vis de la subjectivité kantienne (individuelle comme intersubjective) qui avait inspiré Rawls, Apel, ou Habermas.

22 *Cf.* Honneth, 2013a, p. 270, *sq.*

Selon Honneth nous sommes donc d'emblée dans une vie sociale libre, et ce parce que le social présuppose fondamentalement la liberté comme un processus qui tantôt tend, tantôt relâche les liens sociaux. C'est pourquoi la réflexion sur la réalité sociale montre que la liberté, qui est l'affaire de nos décisions et de nos actes, se trouve presque toujours, du moins la plupart du temps, abîmée, lorsque le lien social se relâche ou se tend excessivement. Ce qui se traduit par le fait que des individus sont et se sentent méprisés.

Cette conception réaliste de la liberté implique enfin que la question de la liberté ne soit pas comprise par le philosophe comme une question différente de la question de la justice. Il n'y a donc pas, comme nous le remarquions, du moins de ce point de vue, d'évolution ou de mutation de la pensée d'Axel Honneth qui serait passé d'une réflexion sur la justice (Honneth, 1992) à une réflexion sur la liberté (Honneth, 2011). Être libre repose toujours en effet sur le droit, sur la réalité objective, sur le sentiment subjectif enfin, qui font que chacun donne ce qu'il doit et reçoit ce qui lui est dû dans sa vie sociale. Loin que cela ressemble de près ou de loin au sentiment d'un devoir ou à l'établissement délibéré, explicite ou tacite, d'un contrat, Honneth songe manifestement plutôt ici à l'exercice inconscient d'actes animés par le sentiment d'une confiance partagée entre les membres qui vivent ensemble dans une même sphère sociale. C'est pourquoi les membres d'une même famille peuvent se sentir libres lorsqu'ils ne conçoivent pas que leur activité envers les autres membres ne puisse être déterminée autrement que, par amour, à satisfaire leurs besoins ; lorsque, réciproquement, ils ne doutent pas de la capacité des autres à s'inscrire dans le même geste. L'identité de sens entre l'activité qui libère et celle qui fait justice se retrouve de la même façon dans le contexte social du travail et des échanges. On pense ici en effet à ce que peut avoir d'essentiel d'être reconnu dans et pour son travail, comme d'estimer ceux pour qui et avec qui l'on travaille. La conviction que les échanges qui règlent notre vie économique s'humaniseraient à ne pas entretenir entre les individus de purs rapports d'exigence de productivité et de rentabilité achève de nous persuader, si besoin était, que la question de la liberté n'est pas différente de celle de la justice. La liberté s'établit en effet, en l'occurrence, à mesure de l'estime que l'on accorde et de l'estime que l'on reçoit. C'est une expérience identique enfin que peut éprouver l'individu qui contribue à garantir les droits dont il jouit avec les autres dans un État de droit.

Honneth montre ainsi que l'expérience de la liberté ne se distingue pas de l'activité de redistribution, et que le sens de la liberté ne s'oppose donc pas au sens de la justice. Ce qui nous conduit à dénoncer ce que nous estimons être la limite de la critique que Nancy Fraser adresse à Axel Honneth[23]. D'un côté en effet celle-ci a raison d'indiquer à Honneth que le normativisme culturel (ou internalisme normatif) qu'il nous propose de penser fait problème, car on peut sérieusement se demander si le mérite est un véritable instrument de reconnaissance. On peut d'ailleurs comprendre, comme l'exprime clairement Fraser, qu'à défendre une telle idée, la théorie critique se place en porte à faux vis-à-vis de son projet de contester le mécanisme déshumanisant de l'économie de marché capitaliste. Mais d'un autre côté l'opposition qu'elle maintient, pour ce faire, entre reconnaissance et redistribution, ne nous semble pas pertinente. Une telle disjonction en effet ne nous semble pas exister chez Axel Honneth, sauf, il est vrai, à considérer la redistribution comme un principe transcendantal de la justice sociale. Ce que Nancy Fraser, qui emboîte ici le pas à Jürgen Habermas, semble d'ailleurs penser, en considérant que la justice ne peut efficacement se définir qu'à partir d'une réflexion sur les conditions d'une vie sociale. Ce qui suppose alors d'installer l'idée de justice comme une alternative à la position d'une liberté déjà instituée.

Or il nous semble difficilement contestable qu'Axel Honneth, comme nous avons tenté de le montrer tantôt, évacue la notion de redistribution au profit de la seule reconnaissance. Celle-ci, en revanche, reçoit un sens fort différent de celui qu'elle recevait chez Fraser ou Habermas. La notion de redistribution chez Honneth renvoie semble-t-il en effet à deux choses. Tout d'abord, avant d'être une norme, celle-ci opère comme un concept critique. Cette notion semble reposer sur le constat d'une première distribution insuffisante. Tout se passe en effet comme si Honneth considérait qu'un Épiméthée social avait effectué un premier partage injuste, oubliant d'accorder à beaucoup d'hommes les moyens d'exercer leur liberté, leur interdisant *de facto* toute chance de s'épanouir dans leur vie sociale. Eu égard à cela, le caractère socio-iatrique de sa philosophie prend ainsi tout son sens prométhéen puisqu'observant les dommages

23 Voir sur ce point dans notre quatrième partie (« Dernières questions »), notre troisième question : « Les "ordres de reconnaissance institutionnalisés" suffisent-ils à nous reconnaître ? Le problème de l'estime méritocratique ».

du premier partage, elle se propose de soigner les pathologies sociales en distribuant des expédients propres à faire œuvre de reconnaissance. En un second sens, la notion de redistribution reçoit chez Honneth la signification et la fonction d'un appel et d'une activité visant à effectuer une liberté encore inaccomplie, de façon à aider les individus à ne pas se sentir « indéterminés ». Distribuer, signifie alors ici inviter à se lier et à accroitre les représentations et les actes qui augmentent les relations de confiance et de coopération au sein de notre vie sociale. L'inverse, à savoir l'atomisme social, relève en revanche à la fois de l'injustice et d'une pathologie de la liberté.

La philosophie sociale d'Axel Honneth réunit bien par conséquent justice et liberté dans une approche qui concilie une théorie critique et une analyse de notre vie sociale ordinaire. De ce point de vue le projet consiste bien, à l'instar de la reformulation que Judith Butler proposait de la formule d'Adorno (« On ne peut mener une vie bonne dans une vie mauvaise ») de se demander comment on peut répondre à la question de savoir ce qu'est une vie bonne à partir de la considération de la vie réelle, qui est une vie mauvaise[24].

UNE DÉMULTIPLICATION DE LA VIE SOCIALE

Chercher à penser « ce que social veut dire[25] » constitue sans doute un défi essentiel de la philosophie honnethienne au sein de laquelle « le social » fait figure de leitmotiv. Le fait est qu'Axel Honneth refuse clairement de ne considérer ce concept qu'à partir de la valeur descriptive que pourrait suggérer l'adjectif substantivé. Si bien que « le social » ne désigne jamais chez lui un objet distant que l'on pourrait observer de l'extérieur ni, *a fortiori*, les conditions de possibilité d'un tel objet. Ni objet physique, ni objet transcendantal, ce terme désigne en revanche le caractère à la fois subjectif et objectif de la vie que les individus que nous sommes menons avec les autres. Si l'on considère cela, cette notion

24 Judith Butler part en effet de cette phrase d'Adorno (*Minima moralia*, 1951) pour édifier son discours prononcé le 11 septembre 2012, à l'occasion de sa réception du prix Theodor Adorno, décerné par la ville de Francfort (*Cf.* Butler, 2002).

25 *Cf.* Honneth, 2013 & Honneth, 2015.

nous autorise alors à formuler la question suivante : comment faire pour mener avec les autres, dans le vif d'une espace partagé, une vie bonne, ou du moins une vie meilleure que celle que nous menons ?

Le problème qui se soulève alors, et qui prend l'allure d'un défi pour la philosophie sociale tout entière, consiste à demander comment vivre en commun l'ensemble de nos représentations et de nos pratiques, sans être ou sans nous sentir obligés de les partager nécessairement. Comme ont pu le montrer, Charles Taylor d'abord[26], Vincent Descombes ensuite[27], la confusion ou la réduction des significations communes aux significations intersubjectives conduit en effet à une vie sociale délétère. Il est heureux, en effet, lors d'un vote, que deux individus qui partagent un sens commun de ce que signifie une politique de droite et une politique de gauche, ne soient pas, de ce fait, conduits à voter pour le même candidat. Ainsi, on doit pouvoir comprendre, par exemple, que le choix idéologique d'accorder un rôle premier au *welfare state* vis-à-vis de la liberté individuelle d'entreprendre et de prendre des risques financiers, autorise deux électeurs différents à partager une conception commune de ce que signifie, en l'occurrence, une politique de gauche. Cela dit, le point décisif ici consiste à apercevoir que les significations communes autorisent aussi bien le consensus que le dissensus. C'est pourquoi, dans un espace social juste où chacun se sent libre, il doit être possible pour des individus partageant une signification identique de ce qu'est une politique de gauche, pour l'un de voter pour le candidat de gauche, pour l'autre de voter pour le candidat de droite.

La difficulté cependant se complique dès lors qu'on se rend compte qu'il ne s'agit pas ici simplement et seulement d'affirmer, au cœur de la vie sociale, les droits d'expression de la liberté individuelle. Cette revendication, que l'on sait d'ailleurs portée par le libéralisme moral (qui défend les droits de la personne) aussi bien que par le libéralisme économique (qui défend les droits du bourgeois, autrement dit du membre de la société civile) est certes absolument indispensable, et demeure bien la caractéristique essentielle et exclusive, comme l'avait analysé Hegel en 1820[28], des sociétés modernes. Honneth ne conteste pas cela, mais l'assume manifestement comme un combat philosophique et juridique,

26 *Cf.* Taylor, 1971.
27 *Cf.* Descombes, 1996, p. 267-308.
28 *Cf.* Hegel, 2013.

c'est-à-dire sous la forme d'un combat qui se joue au niveau du droit plutôt qu'au niveau de l'histoire, où celui-ci semble déjà gagné. C'est pourquoi il songe désormais à la question de l'intégration plutôt qu'à la question de l'exception sociale. Dans ces conditions, il s'agit donc de penser la liberté individuelle, ni comme le droit ni comme le fait de l'individu, mais comme l'affaire de la société. Les difficultés cependant ne s'arrêtent pas là, car Axel Honneth refuse de penser l'intégration comme une possibilité de la liberté, et s'efforce de l'interroger comme l'effectivité de la liberté. Ce qui rend caduques, selon lui, des tentatives comparables à celles de Robert Nozick, qui imagine la possibilité *a priori*, pour des individus encore non-inscrits dans une vie sociale, d'élire une micro-société utopique propre à satisfaire leurs désirs, qui imagine la possibilité même de la quitter en cas de désillusion et de passer dans une autre, réduisant ainsi le monde à un « canevas d'utopies[29] ». Au défi de penser le sens social de la liberté individuelle se rajoute ainsi celui de penser l'effectivité d'une liberté que la réalité sociale elle-même (celle de « la vie mauvaise » que nous menons) ne nous laisse pas apercevoir.

Pour envisager une solution acceptable à ce double problème, Honneth montre encore une fois qu'il faut considérer la vie sociale comme elle va, mais en respectant les orientations normatives spécifiques qui animent les différentes sphères sociales dans lesquelles nous vivons. Inspiré par le principe hégélien qui veut que l'éthicité se développe de manière spécifique selon les variations d'une vie éthique spécifique à la famille, à la société civile, et à l'État, Honneth ne conçoit pas, par exemple, que la vie de famille ou l'organisation d'un ménage soit décidés selon des normes, fussent-elles justes, propres à des sphères sociales qui leur demeurent étrangères. Le foyer, en effet, ne se gouverne pas selon des règles politiques ou selon des lois économiques. Il déclare ainsi ne pas souhaiter que se reproduise l'erreur historique commise par « les premiers socialistes » (Louis Blanc, Proudhon, le jeune Marx) qui mesuraient les traumatismes et les avancées sociales, avancées dans la famille et dans l'État incluses, à l'aune de critères seulement économiques. Dénonçant le parti pris de ce « tout économique » Honneth commente alors, à propos des pionniers du socialisme :

> Entièrement acquis à l'esprit de l'industrialisme, et par conséquent convaincus que toute évolution sociale était et serait encore à l'avenir déterminée pat

29 *Cf.* Nozick, 1988, chap. x., p. 363-405.

> l'état de la production industrielle[30] [ils demeuraient] inaptes à comprendre le sens d'une lutte pour la réalisation des libertés sociales dans d'autres sphères que celles de l'agir économique, les socialistes, précise-t-il, ne se rapportaient tant au républicanisme « de gauche » qu'à un féminisme en voie de radicalisation qu'en les ignorant totalement, ou bien en les accusant de « trahison de classe » au profit de la bourgeoisie, sitôt que les exigences de ces mouvements ne cadraient pas avec leurs propres objectifs, d'ordre purement économique. (*ibid.*, p. 115)

On objectera peut-être, et ce non sans raison, qu'être socialiste n'implique pas nécessairement d'être misogyne et antirépublicain, et que l'oubli des revendications féministes comme des revendications républicaines, dénoncé par Honneth, relève plus de la précipitation naïve qu'on peut avoir à défendre une cause juste, plutôt que du mépris envers des luttes différentes de celles qu'on veut mener. À moins, en effet, ce qui est une possibilité qui nous semble exclue chez Honneth, de reconnaître chez Louis Blanc, Proudhon, ou le jeune Marx, l'expression d'un fanatisme politique, on peut légitimement accorder à ceux-ci qu'ils ne haïssaient ni les femmes ni la liberté individuelle. Le problème donc n'est pas dans la disposition d'esprit ou dans l'intention des uns et des autres, mais dans les conséquences, autrement dit dans les « dommages collatéraux » diraient certains, produits par une confusion, plus ou moins naïve, des sphères sociales.

L'enjeu éthique d'une telle question s'impose à l'évidence pour peu que nous observions que c'est la prévention contre les risques que présentent un despotisme communautaire dont il s'agit ici. Il n'est pas impossible en effet que ceux qui arguent d'une éthique d'intégration cherchent parfois, de façon perverse, à obtenir l'inverse : à savoir le rejet des individus qu'ils jugent indésirables. Pour illustrer l'injustice d'une telle tentation ou d'une telle pratique, Ronald Dworkin prend l'exemple de la décision de la Cour suprême des USA dans l'affaire *Bowers v. Hardwick*[31]. Faisant fi de la jurisprudence constitutionnelle, cet arrêt avait confirmé une loi de la Géorgie qui faisait de la sodomie un crime. Dénonçant ici ce qu'il appelle une « interprétation métaphysique de l'intégration » qui

30 Honneth, 2017b, p. 116.

31 Dworkin, Ronald (1989), *Liberal Community*, California Law Review, vol. 77, 479-504, publié sous le titre « La communauté libérale », trad. A. Berten, *in Libéraux et communautariens*, textes réunis et présentés par André Berten, Pablo da Silveira, Hervé Pourtois, Paris, PUF, 1997, p. 337-358.

considère une communauté comme une « superpersonne » (*ibid.*, p. 344), Dworkin nous encourage ainsi à nous méfier de toute tentative visant à encadrer les pratiques d'un groupe selon une conception typique de la vie communautaire en général. L'exemple qui suit est alors fait pour servir au mieux son propos :

> La vie communautaire d'un orchestre est limitée à la production de musique orchestrale : c'est *seulement* une vie musicale. Ces faits déterminent le caractère et les limites de l'intégration éthique de la vie des musiciens au sein de la vie communautaire. Les musiciens considèrent leurs performances comme celles de l'orchestre en personne et partagent ses triomphes et ses échecs comme s'il s'agissait des leurs. Mais ils n'imaginent pas que l'orchestre a aussi une vie sexuelle qui serait, en quelque sorte, composée des activités sexuelles de ses membres. Ils n'imaginent pas non plus que l'orchestre a des maux de tête ou une pression sanguine haute ou des responsabilités sociales ou qu'il se demande s'il ne devrait pas faire un peu moins de musique et s'occuper aussi de photographie[32].

S'il n'est pas simplement incongru mais aussi et surtout révoltant de considérer que l'éthique communautaire d'un orchestre ou d'un État devrait régler la vie sexuelle de ses membres, c'est bien par conséquent parce que ce n'est pas son affaire. Ce que mettent en œuvre les couples pour lier leur communauté amoureuse n'est en effet une affaire d'harmonie que par homonymie avec cette caractéristique musicale, et n'est en aucun cas une affaire d'État. Ce qui, à toutes fins utiles, reste décisif pour assurer la liberté des membres d'une communauté et pour instituer et entretenir la justice sociale, repose donc sur la coopération spécifique de chaque membre à produire une œuvre commune sur le fond d'un accord librement scellé sur ce que Charles Taylor appelait des « significations communes ». Mais cela implique alors, comme le souligne Dworkin, de ne pas considérer la société comme une « superpersonne » qui détiendrait par principe le système de ses droits et de ses devoirs, mais de reconnaître la société comme le fait d'une intersubjective créatrice de ses propres normes.

Honneth pense l'activité de cette intersubjectivité créatrice sous la forme d'un va et vient permanent entre la réflexion morale et juridique que l'individu mène pour accorder une valeur universelle à ses décisions, et le vif de sa vie sociale, animée par des faits normatifs qui accordent

32 *Ibid.*, p. 346.

une inscription effective à sa liberté. Sa réflexion consiste à inviter chacune et chacun d'entre nous, non pas à titre individuel et égoïste, mais pour autant que nous appartenons, d'une manière ou d'une autre à des communautés spécifiques (famille, État, associations diverses, entreprises, etc.), à coopérer pour créer et produire de manière librement consentie l'œuvre de notre vie sociale. La redéfinition de la liberté en un sens social ne se borne pas enfin seulement à cette invitation éthique, et devient une revendication militante et une demande politique qui s'adresse aux acteurs institutionnels de notre société moderne.

BIBLIOGRAPHIE

PUBLICATIONS PRINCIPALES D'AXEL HONNETH

HONNETH, Axel, *Eine Geschichte moralischer selbstkorrekturen. Auf den Spuren europäischer Solidarität*, Berlin, Suhrkamp, 2019 (texte publié en annexe de l'œuvre citée ci-dessous).

HONNETH, Axel, *Anerkennung. Eine Europäische ideengeschichte*, Berlin, Suhrkamp, 2018.

HONNETH, Axel, *Die Idee des Sozialismus. Versuch einer Aktualisierung*, Berlin, Suhrkamp, 2015 (cité : Honneth, 2015a).

HONNETH, Axel, *Das Recht der Freiheit. Grundriß einer demokratischen Sittlichkeit*, Berlin, Suhrkamp, 2011.

HONNETH, Axel, *Das Ich im Wir. Studien zur Anerkennungstheorie*, Berlin, Suhrkamp, 2010.

HONNETH, Axel, *Pathologien der Vernunft. Geschichte und Gegenwart der Kritischen Theorie*, Frankfurt a. M., Suhrkamp, 2007 (cité : Honneth, 2007a).

HONNETH, Axel, *Verdinglichung. Eine anerkennungstheoretische Studie*, Frankfurt a. M, Suhrkamp, 2005.

HONNETH, Axel und FRASER, Nancy, *Umverteilung oder Anerkennung ? Eine politisch–philosophische Kontroverse*, Frankfurt a. M, Suhrkamp, 2003 (cité : Honneth, 2003a).

HONNETH, Axel, *Unsichtbarkeit. Stationen einer Theorie der Intersubjektivität*, Frankfurt a. M, Suhrkamp, 2003 (cité : Honneth, 2003b).

HONNETH, Axel, *Leiden an Unbestimmtheit. Eine Reaktualisierung der Hegelschen Rechtsphilosophie*, Stuttgart, Reclam, 2001.

HONNETH, Axel, *Das Andere der Gerechtigkeit. Aufsätze zur praktischen Philosophie*, Frankfurt a. M, Suhrkamp, 2000 (cité : Honneth, 2000a).

HONNETH, Axel, *Suffering from Indeterminacy. SpinozaLectures*, Amsterdam, Royal Amsterdam Gorkum, 1999 (cité : Honneth, 1999a).

HONNETH, Axel, *Desintegration. Bruchstucke einer soziologischen Zeitdiagnose*, Frankfurt a. M, Fischer, 1994.

HONNETH, Axel, *Kampf um Anerkennung. Zur moralischen Grammatik sozialer Konflikte*, Frankfurt a. M, Suhrkamp, 1992.

HONNETH, Axel, *Die zerrissene Welt des Sozialen. Sozialphilosophische Aufsätze*, Frankfurt a. M, Suhrkamp, 1990.

HONNETH, Axel, *Kritik der Macht. Reflexionsstufen einer kritischen Gesellschaftstheorie*, Frankfurt a. M, Suhrkamp, 1989.

HONNETH, Axel und JOAS, Hans, *Soziales Handeln und menschliche Natur. Anthropologische Grundlagen der Sozialwissenschaften.*, Frankfurt a. M. und New York, Campus, 1980.

ŒUVRES TRADUITES EN LANGUE FRANÇAISE

HONNETH, Axel, *La reconnaissance. Histoire européenne d'une idée*, trad. Pierre Rusch, suivi de « *Abolir les injustices, l'emporter sur le crime : retour sur les sources de la solidarité européenne* » trad. Julia Christ, Paris, Gallimard, 2020.

HONNETH, Axel, *La critique du pouvoir*, trad. Marianne Dautrey et Olivier Voirol, Paris, La Découverte, 2017 (cité : Honneth, 2017a).

HONNETH, Axel, *L'idée du socialisme. Un essai de réactualisation*, trad. Pierre Rusch, Paris, Gallimard, 2017 (cité : Honneth, 2017b).

HONNETH, Axel, *Le droit de la liberté. Esquisse d'une éthicité démocratique*, trad. Frédéric Joly et Pierre Rusch, Paris, Gallimard, 2015 (cité : Honneth, 2015b).

HONNETH, Axel, *Ce que social veut dire*, tome II, *Les pathologies de la raison*, trad. Pierre Rusch, Paris, Gallimard, 2015 (cité : Honneth, 2015c).

HONNETH, Axel, *Ce que social veut dire*, tome I, *Le déchirement du social*, trad. Pierre Rusch, Paris, Gallimard, 2013 (cité : Honneth, 2013a).

HONNETH, Axel, *Un monde de déchirements. Théorie critique, psychanalyse, sociologie*, trad. Pierre Rusch et Olivier Voirol, Paris, La Découverte, 2013 (cité : Honneth, 2013b).

HONNETH, Axel, *Les pathologies de la liberté*, trad. Franck Fischbach, Paris, La Découverte, 2008.

HONNETH, Axel, *La réification. Petit traité de théorie critique*, trad. Stéphane Haber, Paris, Gallimard, 2007 (cité : Honneth, 2007b).

HONNETH, Axel, *La société du mépris. Vers une nouvelle théorie critique*, trad. Olivier Voirol, Paris, La Découverte, 2006.

HONNETH, Axel, « *la théorie de la reconnaissance : une esquisse* » et « *Visibilité et invisibilité : sur l'épistémologie de la "reconnaissance"* », traduit de l'anglais par Françoise Gollain et Christian Lazzeri, revu à partir de l'allemand par Olivier Voirol, Revue du MAUSS n° 23, 2004.

HONNETH, Axel, « *Reconnaissance et justice* », Le Passant ordinaire n° 38, 2002.

HONNETH, Axel, *La lutte pour la reconnaissance*, trad. Pierre Rusch, Paris, coll. Passages, Cerf, 2000 (cité : Honneth, 2000b).

HONNETH, Axel, « *Intégrité et mépris : principes d'une morale de la reconnaissance* », trad. Hervé Pourtois, Recherches sociologiques n° 30, 1999.

HONNETH, Axel, « *L'autonomie décentrée », in La modernité en questions. De Richard Rorty à Jürgen Habermas*, Paris, Cerf, 1998.

HONNETH, Axel, « *D'où parle la théorie critique ?* » *in Habermas, la raison, la critique*, trad. Rainer Rochlitz avec la collaboration de Christian Bouchindhomme, Paris, Cerf, 1996 (cité : Honneth, 1996a).

HONNETH, Axel, « *Reconnaissance* », *in Dictionnaire d'éthique et de philosophie morale*, trad. Olivier Mannoni, Paris, PUF, 1996 (cité : Honneth, 1996b).

ŒUVRES D'AUTRES AUTEURS

ADORNO, Theodor. W., *Minima Moralia. Reflexionen aus dem beschädigten Leben*, Berlin/Francfort, Suhrkamp, 1951.

ADORNO, Thodor. W., *Minima Moralia : réflexions sur la vie mutilée*, trad. Éliane Kaufhotz et Jean-René Ladmiral, Paris, Payot, 2003.

ANSCOMBE, Elizabeth, trad. M. Maurice et C. Michon, Paris, Gallimard, 2002.

BENJAMIN, Walter, « Sur le programme de la philosophie qui vient » [1917], trad. M. de Gandillac et P. Rusch, dans *Œuvres I*, Paris, Gallimard, 2000.

BENTON, Robert, *Kramer contre Kramer*, Columbia Pictures, film sorti aux USA en décembre 1979, en France en février 1980.

BOLTANSKI, Luc et THÉVENOT, Laurent, *De la justification. Les économies de la grandeur*, Paris, Gallimard, 1991.

BORIES, Éric, *Hegel, philosophie du droit*, Paris, Ellipses, 2012.

BUTLER, Judith, *Qu'est-ce qu'une vie bonne ?*, traduit de l'anglais et préfacé par Martin Rueff, Paris, Payot, coll. « Manuels Payot », 2014.

BUTLER, Judith, *La vie psychique du pouvoir*, trad. B. Matthieussent, Paris, Léo Scheer, 2002.

CARRÉ, Louis, *Axel Honneth : Le droit de la reconnaissance*, Paris, Michalon, 2013.

CANGUILHEM, Georges, *La connaissance et la vie*, Paris, Vrin, 2003.

CASTEL, Robert, *Les métamorphoses de la question sociale, une chronique du salariat*, Paris, Fayard, 1995.

DERANTY, Jean-Philippe, « *Kritik der poltischen Ökonomie und die gegenwärtige Kritische Theorie. Eine Verteidigung von Honneths Anerkennungstheorie* », *Anerkennung*, éd. H.-C. Schmidt am Busch et C. F. Zurn, Berlin Akademie, 2009.

DESCOMBES, Vincent, « L'esprit objectif » *in Les institutions du sens*, Paris, Les éditions de minuit, 1996, p. 267-308.

DEWEY, John, *Reconstruction en philosophie*, trad. Patrick Di Mascio, Paris, Folio/essais, Gallimard, 2014.

DORLIN, Elsa, *Se défendre. Une philosophie de la violence*, Paris, Zones, 2017.

DROYSEN, Johan Gustav, *Historik, Historisch-kritische Ausgabe von Peter Ley und Horst Walter Blanke*, Fromann-Holzboog, Bd, 1, 1977.

DURKHEIM, Émile, *Les règles de la méthode sociologique*, Paris, PUF, 1967.

DWORKIN, Ronald, « Liberal Community », *California Law Review*, vol. 77, 479-504 (1989), publié sous le titre « La communauté libérale », trad. A. Berten, *in Libéraux et communautariens*, textes réunis et présentés par André Berten, Pablo da Silveira, Hervé Pourtois, Paris, PUF, 1997

ERIKSON, Erik, *The life cycle completed. A review*, New-York, W. W. Norton & Co, 1982.

FISCHBACH, Franck, *Manifeste pour une philosophie sociale*, Paris, La Découverte, 2009.

FISCHBACH, Franck, *Sans objet. Capitalisme, subjectivité, aliénation*, Paris, Vrin, 2009.

FORST, Rainer, « *Le combat pour la dignité : exiger un droit à la justification* », trad. Aurélien Allard, Esprit, 2014/10 Octobre, pages 32 à 47.

FORST, Rainer, *Das Recht auf Rechtfertigung. Elemente einer Konstruktivistischen Theorie der Gerechtigkeit*, Frankfurt a. M., Suhrkamp, 2007.

FOUCAULT, Michel, *Surveiller et punir. Naissance de la prison*, Paris, Gallimard, 1975.

FRASER, Nancy und Honneth, Axel, « *Anerkennung bis zur Unkennlichkeit verzerrt. Eine Erwiderung auf Axel Honneth* », *Umverteilung oder Anerkennung ? Eine politischphilosophische Kontroverse*, Suhrkamp, Frankfurt a. M., 2003.

FREUD, Sigmund, *Métapsychologie*, trad. J. Laplanche et J. B. Pontalis, Paris, Gallimard, 1968.

HABERMAS, Jürgen, *Théorie de l'agir communicationnel*, t. II : *Pour une critique de la raison fonctionnaliste*, trad. J.-L. Schlegel, Paris, Fayard, 1987.

HABERMAS Jürgen, *Connaissance et intérêt*, trad. G. Clémençon, préface de J. R. Ladmiral, Paris, Gallimard, 1976.

HALÉVY, Daniel, *Essai sur l'accélération de l'histoire*, Paris, Fayard, 1961.

HEGEL, G. W. F., *Principes de la philosophie du droit*, trad. Jean-François Kervégan, Paris, PUF, 2013.

HEGEL, G. W. F., *Phénoménologie de l'esprit*, trad. Bernard Bourgeois, Paris, Vrin, 2006.

HEGEL, G. W. F., *Leçons sur le droit naturel et la science de l'État*, traduit et présenté par Jean-Philippe Deranty, Paris, Vrin, 2002.

HEGEL, G. W. F., *Grundlinien der Philosophie des Rechts*, Werke 7, 6 Aufl, Frankfurt a. M., Suhrkamp, 2000.

HEGEL, G. W. F., *Encyclopédie des sciences philosophiques*, III, trad. Bernard Bourgeois, Paris, Vrin, 1988.

HEGEL, G. W. F., *Encyclopédie des sciences philosophiques*, I, trad. Bernard Bourgeois, Paris, Vrin, 1986.

HEGEL, G. W. F., *Leçons sur l'histoire de la philosophie*, tome 7, trad. Pierre Garniron, Paris, Vrin, 1991.

HEGEL, G. W. F., *Système de la vie éthique*, trad. J. Taminiaux, Paris, Payot et Rivages, 1976.

HESSE, Hermann, *Le dernier été de Klingsor*, trad. Edmond Beaujon, *in* Hermann Hesse, *Roman et nouvelles*, Paris, Livre de poche, 2002.

HESSEL, Stéphane, *Indignez vous !*, Montpellier, Indigène éditions, 2011.

HORKHEIMER, Max, *Théorie traditionnelle et théorie critique*, trad. C. Maillard et S. Muller, Paris, Gallimard, 1974

HUNYADI, Mark (sous la direction de), *Axel Honneth. De la reconnaissance à la liberté*, Lormont, Le bord de l'eau, 2014.

HUME, David, *Enquête sur l'entendement humain*, trad. D. Deleule, Paris, Nathan, 1982.

JAMES, Henry, *Le tour d'écrou*, trad. de Janine Lévy, Paris, Le livre de poche, 2014.

KANT, Emmanuel, *Le droit de mentir suivi de Théorie et pratique*, textes traduits et commentés par Éric Bories et Stéphane Robilliard, Paris, Cerf, 2019.

KANT, Emmanuel, *Métaphysique des mœurs* I, trad. A. Renaut, Paris, GF-Flammarion, 1994.

KANT, Emmanuel, *Critique de la faculté de juger*, trad. A. Philonenko, Paris, Vrin, 1993.

KANT, Emmanuel, *Projet de paix perpétuelle*, appendice, I, trad. anonyme (1796) revue par Heinz Wismann, *in* Emmanuel Kant, *Œuvres philosophiques*, III, Paris, Gallimard, 1986 (cité : Kant, 1986a).

KANT, Emmanuel, *Doctrine du droit*, trad. J. Masson et O. Masson, *in Œuvres philosophiques*, III, Paris, Gallimard, 1986 (cité : Kant, 1986b).

KERVÉGAN, Jean-François, *L'effectif et le rationnel. Hegel et l'esprit objectif*, Paris, Vrin, 2007.

KERVÉGAN, Jean-François, *Le « droit du monde ». Sujets, normes et institutions*, *in Hegel penseur du droit*, sous la direction de Jean-François Kervégan et Gilles Marmasse, Paris, CNRS éditions, 2004.

LÉVI-STRAUSS, Claude, *La pensée sauvage*, Paris, Plon, 2020.

LOCKE, John, *Deuxième traité du gouvernement civil*, trad. B. Gilson, Paris, Vrin, 1967.

LUKÁCKS, Georg, *Histoire et conscience de classe*, trad. K. Axelos et J. Bois, nouvelle édition augmentée, Paris, Minuit, 1960.

MACHEREY, Pierre, *De Canguilhem à Foucault, la force des normes*, Paris, La Fabrique, 2009.

MARCUSE, Herbert, *Eros et civilisation*, trad. Jean-Guy Nény et Boris Fraenkel, Paris, Minuit, 1963.

MARX, Karl, *Manuscrits économico-philosophiques de 1844*, trad. Franck Fischbach, Paris, Vrin, 2007.

MARX, Karl et ENGELS, Friedrich, *Werke, Gesamtausgabe, Erste Abteilung* (Werke, Artikel, Entwürfe), Band 2, Berlin (DDR), Dietz Verlag, 1982.

MARX, Karl & ENGELS, Friedrich, *L'idéologie allemande*, Première partie *Feueurbach*, trad. Renée Cartelle et Gilbert Badia, Paris, éditions sociales, 1970.

MARX, Karl, « Économie et politique », *Œuvres II*, Paris, Gallimard, 1968.

MEAD, George-Herbert, *L'esprit, le soi et la société*, trad. Daniel Cefaï et Louis Quéré, Paris, PUF, 2006.

MERLEAU-PONTY, Maurice, *Le visible et l'invisible*, Paris, Gallimard, 1964.

MERLEAU-PONTY, Maurice, *Le philosophe et le sociologue*, *in Signes*, Paris, Gallimard, 1960.

NAGEL, Thomas, *Le point de vue de nulle part*, trad. Sonia Kronlund, Paris, Éditions de l'éclat, 1993.

NIETZSCHE, Friedrich, *Crépuscule des idoles* (fragment), trad. Éric Blondel, Paris, Hatier, 1983.

NIETZSCHE, Friedrich, *Ainsi parlait Zarathoustra*, trad. Maurice Betz, Paris, Livre de poche, 1963.

NOZICK, Robert, *Anarchie, État et utopie*, trad. E. d'Auzac de Lamartine, Paris, PUF, 1988.

PLATON, *Phèdre*, trad. Létitia Mouze, Paris, Le livre de Poche, 2007.

PLATON, *La République* I, Œuvres complètes I, trad. L. Robin, Paris, Gallimard, 1997.

RENAULT, Emmanuel, *L'expérience de l'injustice*, Paris, La Découverte, 2004.

RICŒUR, Paul, *Parcours de la reconnaissance*, Paris, Gallimard, 2004.

ROSA, Hartmut, *Aliénation et accélération. Vers une théorie critique de la modernité tardive*, trad. Thomas Chaumont, Paris, La Découverte, 2014.

ROTH, Kenneth, *Rapport mondial 2015* de « *Human rights Watch* ».

ROUSSEAU, Jean-Jacques, *Du contrat social*, I, 2, Paris, GF Flammarion, 2001.

SARTRE, Jean-Paul, *L'être et le néant, essai d'ontologie phénoménologique*, Paris, Gallimard, 1943.

SCHMIDT AM BUSCH, Hans-Christoph, *La « reconnaissance » comme principe de la Théorie critique*, traduction sous la direction d'Alain Olivier et Maiwen Roudaut, Paris, ENS éditions, 2015.

SCHMITT, Carl, *Théorie de la constitution*, trad. O. Beaud et L. Deroche, Paris, PUF, 1992.

SENNETT, Richard, *Ensemble. Pour une éthique de la coopération*, trad. Pierre-Emmanuel Dauzat, Paris, Albin Michel, 2014.

SENNETT, Richard & COBB, Jonathan, *The Hidden Injuries of Class*, New-York, Norton, 1992.

SIMMEL, Georg, « Métropoles et modernité », trad. Y. Grandmeyer et I. Joseph *in L'École de Chicago. Naissance de l'écologie urbaine*, Paris, Aubier Montaigne, 3e éd., 1990.

SMITH, Adam, *La richesse des Nations* I, traduction P. Demeulemaere, Paris, Garnier-Flammarion, 1991.

STIEGLER, Barbara, *« Il faut s'adapter ». Sur un nouvel impératif politique*, Paris, Gallimard, 2019.

TAYLOR, Charles, « L'interprétation et les sciences humaines » in *La liberté des modernes*, trad. Philippe de Lara, Paris, PUF, 1999.

WINNICOTT, Donald, *Processus de maturation chez l'enfant*, trad. J. Kalmanovitch, Paris, Payot, 1970

YOUNG, Iris-Marion, *Reponsibility for justice*, New-York, Oxford University press, 2013.

ŽIŽEK, Slavoj, *Le sujet qui fâche. Le centre absent de l'ontologie politique*, trad. S. Kouvélakis, Paris, Flammarion, 2007.

ŽIŽEK, Slavoj, *La subjectivité à venir*, trad. François Théron, Paris, Flammarion, 2004.

INDEX DES NOMS

INDEX DES NOTIONS

INDEX DES ŒUVRES D'AXEL HONNETH CITÉES

ŒUVRES ORIGINALES

ŒUVRES TRADUITES EN LANGUE FRANÇAISE

TABLE DES MATIÈRES

IMPRIM'VERT®

Achevé d'imprimer par Corlet,
Condé-en-Normandie (Calvados), en décembre 2021
N° d'impression : 174152 - dépôt légal : décembre 2021
Imprimé en France